Rike Drust

Muttergefühle

Rike Drust

Muttergefühle.
Gesamtausgabe

C. Bertelsmann

Verlagsgruppe Random House FSC® N001967
Das FSC®-zertifizierte Papier *Munken Premium* für dieses Buch
liefert Arctic Paper, Munkedals AB, Schweden.

4. Auflage
© 2011 by C. Bertelsmann Verlag, München,
einem Unternehmen der Verlagsgruppe Random House GmbH
Umschlaggestaltung: R·M·E Roland Eschlbeck
und Rosemarie Kreuzer
Satz: Uhl + Massopust, Aalen
Druck und Bindung: GGP Media GmbH, Pößneck
Printed in Germany
ISBN 978-3-570-10097-4

www.cbertelsmann.de

Inhalt

DIE FAMILIE

DER REST DER WELT

DER MUTTERMYTHOS & DIE SCHULDGEFÜHLE

GESUNDHEIT & ENTWICKLUNG

DIE KINDERERZIEHUNG

DIE PARTNERSCHAFT

Warum denn bloß noch ein Buch zu diesem Thema?

Vor der Geburt meines Sohnes habe ich über meine bevorstehende Mutterschaft ungefähr so viel nachgedacht wie über Fahrstühle oder Spannbettlaken. Nicht, weil mir das Thema egal gewesen wäre, sondern vielmehr, weil es meine Vorstellungskraft überstiegen hat. Ich konnte mir ja nicht einmal vorstellen, dass das in meinem Bauch wirklich ein Kind war. Dass sich mit der Geburt meines Sohnes so ziemlich alles ändern sollte, hat mir also ein Holzhammer erklärt: Ich war plötzlich nicht mehr selbstständig und (finanziell) unabhängig, sondern musste mein Leben einem Vier-Kilo-Pflegefall und der gut bezahlten Berufstätigkeit meines Mannes unterordnen. Ich war Hausfrau und Mutter, fand diese Berufsbezeichnung ungefähr so attraktiv wie einen Blazer mit Schulterpolstern und fühlte mich auch so: scheiße hässlich, mit nichts kompatibel, aber schwer erpicht darauf, die starke Frau zu repräsentieren. Denn als Mutter verspürte ich einen extremen Druck, perfekt sein zu müssen, natürlich immer unter dem strengen Blick von Freunden, Bekannten und sogar Fremden, die ungefragt, unangebracht und unverschämt Tipps, Befehle und Rügen austeilten.

Hatte ich mich zuvor relativ entspannt darauf verlassen, dass schon alles irgendwie hinhauen würde, kochten meine Gefühle über, ich war alles, was die Klaviatur der Emotionen hergab:

Ich war unsterblich verliebt. Ich war wütend. Ich hatte eigentlich immer Angst um meinen Sohn. Ich war stolz. Ich war alles andere auch. War ich normal? Die Bücher, die ich über Mutterschaft fand, zeichneten nämlich ein anderes, jeweils sehr einseitiges Bild. Die einen feierten die Mutterschaft als esoterischen Glücksdrogenrausch, andere fanden sie so schlimm, dass sie ihre Kinder am liebsten am Laternenpfahl einer Autobahnraststätte angebunden hätten, und wieder andere beschrieben die Zeit mit ihren Kindern als eine selbstironische Spaßrakete.

Ich vermisste das große Ganze. Denn genauso, wie mein Sohn mein allergrößtes Glück ist, ist er eben unter anderem auch noch die schlimmste Nervensäge, der coolste Clown und der übelste Jammerlappen.

Ich vermisste noch etwas: die Wertefreiheit. Frauen, die in Büchern ehrlich beschrieben, dass sie ihre Kinder oder die überzogenen Ansprüche an Mutterschaft scheiße finden, wurden sofort als Rabenmütter beschimpft oder nannten sich angriffslustig gleich selbst so. Es wurden sofort Fronten aufgebaut, und in den meisten Büchern waren die erhobenen Zeigefinger so groß, dass ich überlegte, meinen Sonnenschirm abzuschaffen.

Dabei wollte ich eigentlich nur wissen: Bin ich normal, wenn ich plötzlich so extrem fühle wie eine Vierzehnjährige auf Klassenfahrt? Geht es anderen auch so? Und wenn ja, was machen sie in diesen Situationen?

Weil ich dieses Buch nirgends finden konnte, habe ich es selbst geschrieben. Der Mann hielt dieses Projekt für eine Schnapsidee beziehungsweise für meine Version eines Töpferkurses in der Toskana. Das hat er nun davon, denn er kommt natürlich ständig vor und dabei auch nicht immer gut weg.

In jedem Kapitel berichte ich in einer emotionalen Momentaufnahme aus meinen ersten zwei Jahren als Mutter. Am Ende eines jeden Textes habe ich festgehalten, was mir in der betreffenden Situation geholfen hat beziehungsweise hilft oder was ich heute anders machen würde. Wichtig ist mir: Dabei handelt es sich nicht um Anweisungen, der Zeigefinger muss in diesem Buch nämlich draußen bleiben.

Ich kann schließlich schlecht einer Mutter erklären, wie sie mit sich und ihrem Kind glücklich wird, wo ich doch selbst ständig an dieser Aufgabe scheitere. Lieber berichte ich davon, wie ich mich beim Scheitern fühle. Und bei allem anderen auch.

Schon bevor das Buch fertig war, habe ich selbst es als Nachschlagewerk benutzt. Als ich zum Beispiel völlig frustriert war und mir nicht mehr vorstellen konnte, dass mein Sohn jemals etwas anderes gemacht hat, als mich anzubrüllen und zu hauen, konnte ich dort nachlesen, dass ich tatsächlich ziemlich häufig so glücklich bin, als hätte jemand Glitzerhonig in meine Synapsen geschüttet.

Ich würde mich unbändig freuen, wenn dieses Buch auch für andere LeserInnen hilfreich ist und sie bei der Lektüre so etwas sagen wie:

»O ja, das kenn ich! Ich wünsche Klugscheißern auch mindestens Haarausfall!«

»Anschreien hilft? Das probiere ich gleich mal aus« (Witz).

»Herrje, macht die sich einen Stress. Zum Glück war das bei mir nicht so.«

»Halleluja! Ich bin nicht die Einzige, die sich so fühlt!«

Von anderen Müttern zu hören, dass es ihnen ähnlich geht, hat mir in den letzten zwei Jahren besser geholfen als jeder Ratgeber, besonders, wenn es um »mutteruntypische«

Reaktionen wie Wut aufs Kind, Eifersucht auf den Ehemann oder Sehnsucht nach dem alten Leben ging. Ehrliche Gespräche haben diese Gefühle zwar nicht ausmerzen können, aber zu wissen, dass ich nicht allein bin, hat es mir einfacher gemacht, mit ihnen umzugehen. So war ich zwar noch wütend, hatte aber zumindest keine Schuldgefühle mehr, weil ich als Mutter nicht rund um die Uhr glücklich, geduldig und liebevoll war.

Wie toll wäre es, wenn Mutterschaft wieder normal wäre? Es nervt, dass alles, was mit ihr zu tun hat, emotional und moralisch so extrem aufgeladen ist. Jeder Hans und Franz weiß es besser als die Mutter, und statt einfach mal die Klappe zu halten, posaunen alle ihre Meinung ungefragt heraus, nie ohne vor Spätfolgen durch mütterliche (Fehl-) Entscheidungen zu warnen.

Ich versuche, mich so wenig wie möglich davon stressen zu lassen, indem ich mich gar nicht erst bemühe, alles richtig zu machen. Denn selbst wenn ich mich noch so sehr anstrenge, werde ich es nicht schaffen, meinen Sohn groß zu kriegen, ohne dass er irgendeinen Schaden davonträgt. Sogar mein krampfhafter Versuch, immer die perfekte Mutter zu sein, würde schließlich nicht spurlos an ihm vorübergehen. Da setze ich lieber gleich voraus, dass ich Fehler machen werde, ich bin ja schließlich keine Maschine, sondern eine ganz normale Mutter. Manchmal bin ich stinksauer, manchmal bin ich gelangweilt, meistens habe ich eine Riesenmütze Spaß, und immer liebe ich mein Kind so sehr, dass dieses Empfinden alles übersteigt, was ich jemals gefühlt habe. Und obwohl mein Sohn schon vor seinem zweiten Geburtstag Nutella gegessen und ferngeguckt hat, ich ihm bereits ein Gelenk ausgehakt und ihn sehr laut angebrüllt habe, würde ich behaupten, dass ich eine gute Mutter bin.

Weil ich eben auf der anderen Seite, wie fast jede Mutter, alles dafür gebe, dass er ein glücklicher, fröhlicher, gesunder Mensch ist. Nur wie ich das mache, ist ganz allein mein Ding. Ich wünsche mir und allen anderen Frauen, dass wir selbstbewusst so leben können, wie wir wollen, ohne dass es von anderen Müttern, Menschen und Zeigefingern kommentiert oder verurteilt wird.

Zum Schluss noch eine Nachricht für alle mehrfachen und alleinerziehenden Mütter: Während ich mich frage, wie ihr das alles schafft, fragt ihr euch wahrscheinlich, ob ich nicht mehr alle Latten am Zaun habe, und das völlig zu Recht. Ich bin mir des hohen Niveaus, auf dem ich zwischendurch jammere, sehr wohl bewusst und ziehe täglich meinen Hut vor euch, die viele Kinder und Beruf vereinbart bekommen (müssen), und das ganz schön oft auch ohne Partner. Ihr dürft nach Herzenslust Dinge sagen wie: »Pah, was weiß die denn schon!«, oder: »So viel Zeit für gestörte Gedanken hätte ich auch gerne mal.«

Dass es purer Luxus ist, sich die Zeit nehmen und ein Buch schreiben zu können, weiß ich. Und für diese Möglichkeit bin ich sehr dankbar. Aber ich bin auch stolz, dass ich es gemacht habe. In einer Zeit, in der ich dachte, es ginge wegen meines Kindes beruflich nicht weiter, habe ich damit einen meiner größten Träume in die Tat umgesetzt. Und es erfüllt mich mit purem, strahlendem, hüpfendem Glück, dass ich das auch meinem Mann und meinem Sohn zu verdanken habe.

DER ANFANG. Die erste Zeit mit Kind.

Mein Bauch gehört mir. Und der Rest auch.
Die Frustration, öffentliches Eigentum zu sein.

Erst habe ich mich gefreut, als ich nicht mehr nur fett, sondern endlich auch schwanger aussah. Ich war mir sicher, dass mir die Menschen nun mit mehr Respekt entgegentreten würden. Die Zeiten, in denen mir Jugendliche laut TITTEN! entgegenbrüllten, sollten vorbei sein, schließlich konnten jetzt alle sehen, dass sie aus einem wichtigen, besonderen Grund so gigantisch waren. Pustekuchen. Denn während mein Bauch immer weiterwuchs, schrumpfte meine Privatsphäre auf ein nie erlebtes Minimum. Ich wurde hemmungslos begrapscht. Entfernte Bekannte, die ich – mit Absicht – noch nie berührt habe, patschten mir mit beiden Händen auf den Bauch, und sogar Fremde hatten die beliebte Frage »Wann ist es denn so weit?« erst halb gestellt, dafür aber bereits den Kopf meines Kindes ertastet. Ich habe mich gefühlt wie ein Buddha, der im Eingang eines chinesischen Restaurants steht und von allen am Bauch gerubbelt wird, weil das angeblich Glück bringt.

In der Sauna war es noch schlimmer. Dort, wo sonst eher verstohlen geguckt wird, wurde mein riesiger Bauch hemmungslos angeglotzt. Unter der Dusche regnete es »schlaue« Tipps (»Nicht vorher fragen, was es wird!«, »Kind lieber auf die XY-Schule, da sind nicht so viele Ausländer!«) und verstörte Komplimente wie »So schöne Brüste werden Sie nie wieder haben«. Die Frau hatte zwar Recht, aber das hätte ich auch gehabt, wenn ich ihr gesagt hätte, dass sie aussieht wie Homer Simpson.

Für mich war die Tatsache, dass in meinem Bauch ein Kind wächst, so intim, dass ich diese Information am liebsten nur mit meinem Mann und den engsten Vertrauten geteilt hätte, aber leider war mein monströser Bauch so unauffällig wie ein Blaulicht auf dem Kopf. Um möglichst viele unerwünschte Reaktionen abzuwehren, ging ich dazu über, Blickkontakte zu vermeiden und sehr böse zu gucken. Das half auch später, als das Kind da war, ganz gut, hat aber nicht gerade zu einer fröhlichen Stimmung beigetragen. Grundsätzlich nervt es wie die Sau, dass alle meinen, sich einmischen zu können. Eine Schwangerschaft und ein Kind scheinen die Legitimation zum Mitreden zu sein. Es wird nach Herzenslust gewarnt, ins Gewissen geredet und besser gewusst, schließlich hat jeder schon mal ein Kind bekommen oder kennt jemanden, der eins hat. Angenommen, ich würde auf offener Straße Jugendlichen sagen, Handys seien völliger Quatsch, weil ich in ihrem Alter auch keins hatte, oder meinem Friseur zwischen die Beine greifen, weil es nicht gesund ist, wenn seine enge Hose im Schritt kneift. Oder ich würde dem Briefträger zeigen, wie er die Briefe einstecken muss, weil ich das auch schon mal gemacht habe. Dann wäre ich zu Recht der größte Freak der Stadt. Aber wenn Fremde mich warnen, dass ich mein zahnendes Kind bloß nicht verwöhnen soll, oder Tischnachbarn mit hochgezogenen Augenbrauen mein Essen kontrollieren (»Bläht das nicht? Sie stillen doch sicher noch!«), dann soll ich mich lächelnd für die praktische Lebenshilfe bedanken? Na eben.

DAS MACHE ICH BEI ÖFFENTLICHEN ÜBERGRIFFEN:

- Mit der Zeit habe ich gelernt, die schlimmsten Klugschei-ßer auf den ersten Blick zu erkennen. Sehe ich welche, vermeide ich Blickkontakte und gucke sehr grimmig.
- Wenn jemand meinen schwangeren Bauch ohne mein Einverständnis anfassen wollte, bin ich einen Schritt zu-rückgegangen. Das ist eine deutliche Botschaft.
- Wenn mein Kind angefasst werden soll und ich das nicht möchte, sage ich das meistens auch. Manchmal bin ich dafür zu feige, dann versuche ich mich so wenig wie mög-lich über meine eigene Feigheit aufzuregen.
- Ich nehme mir vor, mich bei Fremden für nichts zu recht-fertigen. Stattdessen werde ich immer besser darin, schlaue Tipps ins eine Ohr hinein- und auf direktem Weg aus dem anderen wieder herauszulassen. Und manchmal, wenn ich einen richtig guten Tag habe, sage ich etwas Schlagfertiges.

O nein! Ich fühle nichts.
Der Druck, glücklich sein zu müssen.

Die Mütter, die ihr Kind von Anfang an bedingungslos ge-liebt haben, waren mir suspekt. Überall habe ich gelesen, dass es für sie der schönste Moment im Leben war, als ihr Kind das erste Mal in ihren Armen lag. Ich kann mich an diesen Moment kaum noch erinnern. Zwölf Stunden We-hen, dann lag das Kind falsch und wollte auch nach mehre-ren Stunden trotz PDA und Wehentropf nicht den natürli-chen Weg nach draußen nehmen. Das Kind, das auf meinem

Bauch liegen sollte, während ich Tränen der Rührung und des Überglücks verdrückte, wurde also per Kaiserschnitt aus mir herausgeholt und kurz an mein Gesicht gehalten. »Es hat Haare«, sagte ich noch, dann waren Mann und Kind auch schon weg. Ich war allein mit vielen Menschen in grüner Kleidung und dachte immer wieder verwirrt: »Jetzt habe ich ein Kind.« Das war alles.

Die Tage danach waren zwar schön, aber das, was ich fühlen wollte, wenn mein Kind in meinem Arm lag, war nicht da. Ich war verstört. Vor mir lag ein fremdes Wesen, das ich auf Knopfdruck lieb haben sollte, weil Mütter das eben so machen. Aber ich wünsche mir doch auch nicht zehn Monate einen Freund und liebe den Typen, der an der Tür klingelt, gleich wie wahnsinnig, obwohl er mich nur anschreit. Ich habe meinen Sohn die ersten Wochen, eigentlich sogar Monate, nicht verstanden und kam mit meiner neuen Rolle als Hausfrau und Mutter überhaupt nicht zurecht. Ich fühlte mich schrecklich. Scheinbar alle machten mit ihrem normalen Leben weiter, insbesondere mein Mann, der wieder arbeiten ging, während ich Leibeigene eines Neugeborenen geworden war, das mich für meinen aufopfernden Einsatz nicht lobte, sondern hauptsächlich anschrie. Ich schob mein Kind Runde um Runde durch den Park, und wenn ich das Gebrüll nicht mehr aushalten konnte, steckte ich mir Kopfhörer in die Ohren, hörte laut Musik und weinte. Weil ich dachte, dass mein Leben vorbei ist. Weil ich dachte, etwas stimmt mit mir nicht. Ich musste ihn doch lieben, so richtig, so, dass ich dafür sterben würde. So, wie ich es überall gelesen und gehört hatte. Stattdessen wusste ich nur selten, was er gerade wollte, und er dachte garantiert die ganze Zeit genervt: »Warum macht die hysterische Frau eigentlich immer alles falsch?« Obwohl ich noch nie so eng mit jemandem zusammen war, habe ich mich noch nie so einsam gefühlt. Und ich habe auch noch nie so viel Fernsehen geguckt. Ohne diese Berieselung kam ich mir allein mit dem Kind in der Wohnung vor wie unter einer Käseglocke, der Fernseher war meine Verbindung zur Außenwelt, zum normalen Leben.

Mein großes Glück war eine Freundin, die nur zwei Wochen vor mir ein Kind bekommen hatte. Wir trafen uns oft, vor allem wenn es einer von uns schlecht ging. Wir tranken Hektoliter koffeinfreien Milchkaffee, während wir unsere Kinder durch die Gegend schoben und uns ehrlich und schonungslos austauschten über alles, was für uns neu und wichtig war. Für ihre Offenheit, ihre Unterstützung und unsere hysterischen Lachanfälle werde ich ihr auf ewig dankbar sein.

Mein allergrößtes Glück war mein Mann. Er hat sich mein Gejammer, meine Angst und meinen Frust immer angehört, auch wenn vor lauter Geheule nichts zu verstehen war, und er hat mich in den unmöglichsten Situationen zum Lachen gebracht. Das Lachen und die Ehrlichkeit, mit der der Mann, meine Freundinnen und ich miteinander umgegangen sind, haben mich von dem Druck, dem Bild der beseelten Mutter entsprechen zu müssen, befreit. Ich habe mich entspannt – und siehe da: Es war zwar keine Liebe auf den ersten Blick, aber dafür war es die ganz große!

WAS ICH TAT, ALS ICH NICHTS FÜHLTE:
- Ich habe Fernsehen geguckt. Den größten Scheiß. Viel. Auch beim Stillen.
- Ich habe meine Freundin angerufen. Wir haben uns immer alles ehrlich gesagt und nicht über die andere geurteilt, sondern uns gelobt und Mut gemacht.

- Ich habe meinem Mann immer ehrlich gesagt, wie es mir ging. Und wenn das bedeutete, dass er sich nach zehn Stunden Arbeit noch zwei Stunden mein Geheule anhören musste, dann war das eben so. Da mussten wir schließlich zusammen durch.
- Ich habe auch allen anderen ehrlich gesagt, wie es mir geht. Und siehe da: Andere Müttern fühlten sich plötzlich auch so. Was für eine Erleichterung!

Ich bin die, die alles wieder gut macht!
Die Freude darüber, die Mutter zu sein.

Ich hatte extreme Startschwierigkeiten. Mich in meine neue Rolle als Hausfrau und Mutter einzufinden, hat nie richtig geklappt (Hausfrau) beziehungsweise ziemlich lange gedauert (Mutter).

Als Mutter gefühlt habe ich mich zu Anfang gar nicht, ich wusste ja auch nicht, wie das geht. Liebe ich meinen Sohn anders als die anderen Menschen in seinem Umfeld? Ist ihm egal, wer sich um ihn kümmert? Die Antwort hat mir mein Sohn selbst gegeben. Als er ein paar Monate alt war, haben wir mit Freunden ein Wochenende in den Niederlanden verbracht. Spätabends wachte er auf und wühlte in seinem Reisebett herum. Er meckerte und konnte nicht wieder einschlafen. Wir haben uns immer wieder über das Bett gebeugt und versucht, ihn zu beruhigen. Er meckerte und wühlte weiter. Nach einiger Zeit nahm ich ihn auf den Arm, was eine der besten Entscheidungen meines Lebens war: Mein kleiner Sohn seufzte so erleichtert, wie es nur ging, kuschelte sich an mich und schlief auf der Stelle tief und fest ein. In diesem Moment habe ich zum ersten Mal so richtig verstanden, dass nur ich seine Mama bin, dass er sich nur bei mir so sicher fühlt und dass dies das größte Geschenk ist, das mir das Leben machen konnte. Mir liefen Tränen aus den Augen, und ich schluchzte glücklich: »Ich bin seine Mama.« Der Mann hat sich hinter meinem Rücken bestimmt den Finger in den Hals gesteckt, ließ sich aber mir gegenüber nicht anmerken, dass er diese Gefühlsduselei völlig übertrieben fand. Ich war so glücklich und wollte am liebsten im Stehen schlafen, weil dieser Moment nie mehr aufhören sollte. Tat er natürlich doch, weil irgendwann meine Arme schwer und meine Augen müde wurden. Aber eines blieb: Ab dieser Nacht hatte ich keine Angst mehr vor der Verantwortung für sein kleines Menschenleben, sondern ich war überglücklich und dankbar dafür, dass ich seine Mutter war. Ich bin stolz, wenn er inmitten von anderen Menschen auf mich zeigt und »Mama« sagt, als wollte er klarstellen: »Keine Chance, Leute, die ist schon weg.« Und ich bin stolz, wenn der Tagesvater mich anruft, weil es dem Sohn nicht gut geht und ich kommen muss (auch wenn es nervt). Und ich bin stolz, wenn er mit einem anderen Kind streitet und zu mir guckt, damit ich ihm das Spielzeug zurückhole (auch wenn ich es nicht mache). Ich bin die, die seine kleine Welt wieder in Ordnung bringen kann und alles wieder gut macht.

Natürlich glaube ich nicht, dass nur eine Mutter das kann und muss, denn an den Mann hat unser Sohn zu Recht die gleichen Erwartungen. Und andere können das ebenfalls erledigen. Sollten sie auch, schließlich brauchen wir Mütter mal eine Pause.

WAS MACHE ICH MIT DIESER FREUDE:

- Ich freue mich. Manchmal grinse ich debil, und manchmal weine ich. Parallel brennen sich die »Ich bin die Mama«-Ereignisse für immer in mein Hirn.
- In Situationen, in denen er mich sehr nervt, rufe ich mir seinen Seufzer zurück ins Gedächtnis. Dann ist er nicht mehr so sehr der Quälgeist, sondern eher das Menschlein, das ohne mich ziemlich aufgeschmissen ist.

»Ich bin Hausfrau und Mutter.« – »Ach so.«
Die Betroffenheit, zu den langweiligsten Menschen der Welt zu gehören.

Ich war mal cool. Als ich weder Mann noch Kind hatte, haben meine beste Freundin und ich so viel gefeiert, dass wir mindestens einen Arbeitsplatz in der »Becks«-Brauerei gesichert haben. Andere fanden uns ausgeflippt und witzig und haben unsere Gesellschaft gesucht. Jetzt habe ich ein Kind und fühle mich in die Schublade der langweiligsten Menschen der Welt gedrückt.

Als ich in Elternzeit war, wurde mir bei der Frage »Und? Was machst du so?« heiß und kalt. »Hausfrau und Mutter« wäre die korrekte Antwort gewesen, aber da hätte ich auch gleich sagen können, ich presse Blumen und lerne Zugstrecken auswendig. »Ich leite ein erfolgreiches Familienunternehmen«, soll zwar in der Werbung pfiffig und selbstbewusst rüberkommen, schreit aber in der Realität aus jedem Buchstaben »ICH HABE KOMPLEXE, WEIL ICH MIT DEM KIND ZU HAUSE BIN«. Das war die peinlichste Antwort von allen, fand ich. Aber meine Antwort war eigentlich noch viel peinlicher, ich sagte nämlich: »Ich bin ›nur‹ Mutter« (wobei ich die Gänsefüßchen tatsächlich mit den Fingern in die Luft malte). Und bevor mein Gegenüber Angst bekam, dass ich jetzt von Windelgrößen und Beikost anfange, habe ich das Kinderthema übersprungen und gleich die hippe Mutter raushängen lassen, die noch voll drin ist im Leben und Bescheid weiß über alles, was so passiert. Das wusste ich aber auch nur, weil mein Sohn beim Stillen so lange gebraucht hat, dass ich mir in der Zeit aus dem Internet alle Infos geholt hatte, die für ein cooles Gespräch nötig waren.

Natürlich habe ich nicht nur deswegen Nachrichten geguckt, Magazine und Blogs gelesen. Ich interessiere mich nämlich wirklich für Dinge, die nicht mit meinem Kind zu tun haben. Aber trotzdem waren diese Gespräche meistens ziemlich krampfig, weil ich genau jenes Thema umsegelt habe, das mich emotional und zeitlich am meisten beschäftigte – meinen Sohn. Irgendwann hat mich das genervt. Denn ich wollte erzählen, wie verliebt ich in ihn bin, wie sehr die Mutterschaft an die Substanz geht, und ich wollte, verdammt noch mal, das Video von ihm zeigen, wie er mit seiner kleinen Ukulele auf dem Balkon steht und pöbelt. Weil es so niedlich ist, dass ich vor Verzückung hüpfen muss. Außerdem langweile ich mir bei den Geschichten von Meetings und Greetings auch gern mal die Beine ab. Es ist ja nicht so, dass es spannender wäre zu hören, wie der Senior Account Head of Großraumbüro zwei Tage Aufschub für die Überweisung der Produktionskosten herausgehandelt hat. Mit meinen besten Freunden haben wir deshalb vereinbart, dass wir uns sofort sagen, wenn uns das Gespräch über ein Thema zu viel wird. So können sie rufen: Laaangweilig!, wenn ich dabei bin, alle Worte aufzuzählen, die mein

Sohn schon sprechen kann, und ich bitte um Gnade, wenn sie seit zwanzig Minuten diskutieren, wie der Glow bei einem Produkt gesetzt ist, das allerhöchstens 1,3 Sekunden im Bild ist. Jedes Gesprächsthema wird gleich behandelt. Das kriege ich bei Leuten, die ich nicht so gut kenne, noch nicht so ganz hin. Noch immer betone ich als Erstes, wie wichtig mir mein Job und die Dinge sind, die ich für mich mache, dass ich eben nicht »nur« Mutter bin. Aber inzwischen zwinge ich ihnen zumindest ein paar Fotos von meinem Superjunior auf.

WIE HALTE ICH SMALLTALK:

- Ich versuche, das Thema Kind und Mutterschaft als ein Gesprächsthema von vielen zu betrachten.
- Mit engen Freunden habe ich die Vereinbarung, dass wir uns Bescheid sagen, wenn einer zu viel über eine Sache redet. Das gilt aber für ALLE Themen. Dieses Prinzip versuche ich, auch bei anderen anzuwenden.
- Ich wähle aus, was ich erzähle. Den Muttermund lasse ich bei den meisten Menschen genauso geschlossen wie die vollgekackte Windel. Alle anderen Themen bewerte ich auf meiner eigenen Langweiligkeitsskala und erzähle nur das, was ich selbst auch spannend finde.
- Treffe ich eine Vollzeitmutter, erzähle ich ihr von meiner romantischen Vorstellung, wie ich den Sohn Vollzeit betreue, dass ich dazu nicht die Geduld habe, aber trotzdem toll finde, wenn Mütter sich dafür entscheiden.

Geht nicht, ich stille noch!
Die Einsamkeit einer stillenden Mutter.

Meine Stillbeziehung ging nach sechs Monaten wegen unüberbrückbarer Differenzen in die Brüche. Als nach der Geburt die Milch einschoss und meine Brüste so groß wurden wie die von Domenica, wäre für mich eigentlich folgende Reaktion logisch gewesen: »Ich lasse das mit dem Stillen, wenn diese Monster nur wieder kleiner werden und sich nicht mehr anfühlen wie mit Sirup gefüllte Luftballons kurz vorm Platzen.«

Aber ich habe das Thema Stillen nicht eine Sekunde in Frage gestellt, weil für die ganze Welt klar war: Neugeborene werden mindestens ein halbes Jahr gestillt. Alle haben das gemacht. Alle fanden es das Beste fürs Kind.

Dabei hat es anfangs überhaupt nicht geklappt. Mein Sohn wollte einfach nicht. Der Höhepunkt dieser krampfhaften Versuche, ihn an die Brust zu kriegen, spielte sich noch im Krankenhaus ab. Eine Stillberaterin mit sehr haarigen Armen wollte mein Kind ums Verrecken dazu bringen, aus meiner Brust zu trinken. Dabei achtete sie weder darauf, dass es ausflippte und wie am Spieß brüllte, sie es ständig auf meine Kaiserschnittnarbe drückte und ich nur noch dasaß und versuchte, nicht vor Schmerzen und Verzweiflung zu heulen. Ich habe mich so unmündig und fremdbestimmt gefühlt. Schließlich hatte gerade eine wildfremde Frau meine Brüste gepackt und versucht, sie meinem schreienden Baby in den Mund zu stopfen. Niemanden interessierte, ob ich oder mein Kind das überhaupt wollten. Ich wurde nicht einmal gefragt. Zum Glück ging mein Mann dazwischen und brach den Versuch ab. Mir wurde gesagt, dass ich Milch abpumpen und das Kind damit füttern soll, bis es mit dem Stillen klappt. Und das war dann auch schon der nächste erniedrigende Moment. In einem für alle frei zugänglichen Zimmer standen die Milchpumpen wie Melkmaschinen und saugten in rhythmischen Intervallen Nahrung für das Kind aus mir heraus. Gut daran war, dass der Mann so das Füttern übernehmen konnte. Schlecht war, dass ich mich wie eine Kuh beim Melken fühlte, nur mit dem Unterschied, dass ich schon mal eine Intim- und Privatsphäre hatte. Als wir wieder zu Hause waren, klappte es zwar mit dem Stillen, aber richtig glücklich hat mich das nicht gemacht. Mein Sohn trank alle drei Stunden für mindestens eine Dreiviertelstunde. Zwischendurch habe ich am Tag eine Mahlzeit abgepumpt, damit mein Mann eine Nachtmahlzeit füttern konnte. Das bedeutet, ich habe jeden Tag um die sieben Stunden gestillt und abgepumpt. Und weil ich leider nicht zu den selbstbewusstesten aller Mütter gehöre, habe ich nur im äußersten Notfall meine nackten, monströsen Brüste der Öffentlichkeit präsentiert, auch weil der gesamte Stillprozess ja immer eine ganze Stunde dauerte und mein Sohn immer genau in dem Moment, in dem meine nackten Brüste rausguckten, wie am Spieß zu schreien begann. Ich verbrachte also das erste halbe Jahr mit Kind überwiegend im Dunstkreis unserer Wohnung, damit ich schnell zum Stillen nach Hause konnte.

Deshalb: Nein, ich fand es nicht praktisch, seine Mahlzeiten immer dabeizuhaben. Zumal ich sie nicht wie ein Fläschchen einfach ins Regal zurückstellen konnte, wenn er mal eine verschlafen hatte. Stattdessen wurden meine Brüste noch größer und sahen aus wie Blumenkohl, weil sich die Milch staute und sich schmerzhafte Knubbel bildeten. A propos wehgetan: Dass die Nippel andauernd wund waren und ich dann mit Kohlblättern oder Kühlstreifen auf den Brüsten auf dem Sofa beziehungsweise im Bett lag, hat auch nicht unbedingt dazu geführt, dass ich mich zum nächsten Wet-T-Shirt-Contest anmelden wollte. Und wo wir gerade dabei sind, dieses Gefühl, wenn der Milcheinschuss in den Brüsten sticht wie tausend Stecknadeln, gehört jetzt auch nicht zu den Dingen, an die ich mit einem schwelgerisch-sehnsüchtigen »Hach!« zurückdenke. Genauso wenig wie an die Brustentzündung, während der ich nur eine Seite gestillt und die andere Seite parallel abgepumpt und dann gefüttert habe – und das mit Fieber und Schüttelfrost. Verlockend praktisch klingt für mich da eher folgender Gedanke: Ich mache eine Flasche und gebe sie dem Kind.

Trotzdem habe ich meinen Sohn ein halbes Jahr lang gestillt, weil es eben so empfohlen wird und weil es alle so gemacht haben. Ich hatte jedoch nicht das Gefühl, das Stillen habe unsere Beziehung intensiviert, und, von wegen Immunschutz, erkältet hat er sich trotzdem. Keine Frage, in manchen Regionen der Welt ist es unerlässlich, dass die Frauen stillen, und auch in unseren Breitengraden finde ich toll, wenn Frauen selbstbewusst und selbstbestimmt ihre Kinder überall stillen und das gern tun. Jetzt fehlt nur noch, dass alle auch die Frauen toll finden, die ihre Kinder, aus welchen Gründen auch immer, nicht stillen. Ich war auf jeden Fall sehr froh, als das Kapitel zu Ende war und mein Kind sich so freute, endlich etwas »Ordentliches« zu kriegen. Meine Brüste gehörten wieder mir, und zwar nicht diese drallen, schmerzenden Monsterteile, sondern die von vorher. Na ja, fast.

NIE WIEDER STILLTERROR:

- Ich würde beim nächsten Kind nicht noch einmal so lange stillen, wenn es sich wieder so anfühlen würde wie bei meinem Sohn.

- Ich würde die Kommentare von aggressiven Stillmüttern selbstbewusster zurückweisen und unsensible Stillberaterinnen schneller aus dem Zimmer werfen.

- Ich würde keine Stillklamotten mehr kaufen. Die sehen nämlich, selbst wenn sie modisch sind, meistens furchtbar aus. Zwei normale Tops oder Unterhemden übereinander haben mir völlig gereicht: Eins nach oben und eins nach unten ziehen und schon hängt zumindest der Bauch nicht mehr raus. Und es steht auch nichts Pfiffiges wie »Still good« oder »Milchbar« drauf.

JETZT NEU: Ich als Mutter.

Was hat dieses Kind nur aus mir gemacht?
*Die Verwunderung, durch das Kind ein anderer Mensch
geworden zu sein.*

Hätte man mich vor fünf Jahren pikiert gefragt, wie man
nur Kippen auf die Straße werfen kann, wäre meine Antwort wahrscheinlich gewesen »Mit der Hand«. Wahrscheinlich hätte ich sie sogar selbst geworfen. Inzwischen stemme
ich aufgebracht meine Arme in die Seiten und schüttle un-
gläubig den Kopf, wenn ich sehe, dass jemand seine Zigaret-
ten auf dem Bürgersteig austritt. Hallo? Hier spielen Kinder!
Genauso wenig habe ich noch Verständnis für Scherben auf
der Straße sowie rasende Fahrrad- und Autofahrer. HALLO?
HIER WOHNEN KINDER! Ich habe sogar damit angefangen,
Leute zurechtzuweisen, zum Beispiel habe ich eine Frau bepöbelt, die ihren Hund an die Bank vorm Eiscafé hat pinkeln
lassen, natürlich mit einem gepfefferten: »Hallo? Hier sitzen
Kinder!«

Wenn ich genauer darüber nachdenke, finde ich mich
manchmal selbst ganz schön peinlich. Ich war schließlich
mal genauso. Ich bin sehr zügig Auto gefahren, ich habe
meine Kippen überallhin geworfen und meine leeren Bier-
flaschen in Häusereingängen stehen lassen. Wer kein Kind
hat, denkt nicht wie eine Mutter oder ein Vater, und das ist

völlig normal und viel weniger verwerflich, als radikale Eltern einen glauben machen wollen. Aber als Mutter scanne ich automatisch die Umgebung nach Gefahren für mein Kind ab, ein bisschen so, als wenn das CSI an einen Tatort kommt. Fahre ich Auto, erwarte ich hinter jedem parkenden Wagen ein Kind, das auf die Straße läuft, und auch sonst verhalte ich mich ganz schön oft wie die Ehrenvorsitzende von Greenpeace, Robin Wood und dem Kinderschutzbund zusammen. Wir haben Ökostrom und trotzdem die Standby-Funktionen ausgestellt, wir trennen unseren Müll, halten unsere CO_2-Bilanz im grünen Bereich und spenden regelmäßig Geld, Kleidung und mehr für Kinder in Not. Mir ist es wichtig, dass ich nicht nur das Kind, sondern auch die Welt, in die ich es gesetzt habe, mit Respekt behandle. Schließlich will ich, dass das Kind und bestenfalls sogar seine Kindeskinder noch wie normale Menschen auf dieser Erde leben können. Wir könnten noch viel mehr tun, schließlich essen wir immer noch Fleisch, kaufen Plastikspielzeug, auch welches aus China, und schnallen unserem Junior Wegwerfwindeln um. Aber trotzdem verhalte ich mich im Vergleich zu früher so vorbildlich, dass ich stündlich damit rechne, Christian Wulff kommt vorbei, um mir das Bundesverdienstkreuz umzuhängen.

Dass das Kind aus mir einen sozialeren, umweltbewussteren, gesünderen Menschen mit mehr Zivilcourage gemacht hat, lässt mich selbst ein wenig mit den Augen rollen, weil das ja automatisch nach Liegeradfahren und Barfußtanzen klingt. Aber solange ich noch über Schnapsflaschen, pöbelnde Jugendliche und Hundehaufen steigen kann, ohne gleich eine Bürgerwehr zu gründen, bin ich mit mir und meiner Veränderung zufrieden.

Worauf ich beim Veränderungsprozess aber durchaus hätte verzichten können, ist die Tatsache, dass ich jetzt ständig heulen muss. Und zwar nicht nur bei schlimmen Nachrichten, die mit Kindern zu tun haben. Ich heule im Fußballstadion, wenn die Einlaufkinder kommen, wenn ein kleiner Junge seine Eltern verloren hat oder wenn ich »Greys Anatomy« gucke, obwohl ich schon seit zwei Staffeln ausgestiegen bin. Vor Kurzem kamen mir sogar bei »Gute Zeiten, Schlechte Zeiten« die Tränen, weil die Mutter von Lucy mit ihr nach Tokio fliegt. Nein, diese Nachricht ist auch nicht ergreifender, wenn man die Serie regelmäßig sieht.

Dieses Geheule ist mir so peinlich, dass ich regelmäßig versuche, es zu verstecken, sogar vor dem Mann. Und wenn er fragt »Weinst du etwa?«, schüttle ich den Kopf und antworte zickig: »Über so einen Quatsch, oder was? Das ist ja wohl nicht dein Ernst.« Wobei ich mit dem letzten Satz eigentlich mich selbst meine.

SO WILL ICH ALS NEUER MENSCH SEIN:
- Umweltbewusst: Ich habe Ökostrom von Greenpeace Energy, da ist der Strom zu 100 Prozent aus erneuerbaren Energien. Ich kaufe regionale Produkte, wenn's geht, Bio, ich fliege maximal einmal im Jahr, ich trenne meinen Müll.
- Sozial engagiert: Wir bringen ausrangierte Kleidung und Spielzeug unseres Sohnes zu Organisationen, die sie an bedürftige Familien weitergeben. Und wir spenden, zum Beispiel an den Rote Nasen e. V. oder in akuten Fällen wie zum Beispiel Naturkatastrophen.

SO NICHT:
- Kein Gutmensch: Wenn ich mich dabei ertappe, andere zu maßregeln, höre ich sofort auf. Keiner muss so leben wie ich, nur weil es für mich richtig ist.

- Keine Heulsuse: Ich will nicht immer weinen müssen. Aber ich kann nichts dagegen tun. Inzwischen kann ich zumindest so heimlich gerührt sein, dass manchmal sogar der Mann nichts merkt.

Ich sah auch schon mal besser aus.
Die Plage der mütterlichen Figur.

Als ich hochschwanger war, fand ich mich trotz zwanzig Kilo Gewichtszunahme gar nicht besonders dick. Das sollte sich aber als eine optische Täuschung herausstellen, denn mein gigantischer Bauch hatte alles andere an meinem Körper einfach viel kleiner aussehen lassen. Nach der Geburt wurde dies sehr schnell deutlich. Das Kind war zwar raus, aber der Bauch immer noch so groß, dass es seinen Rucksack darin vergessen haben musste. Und gegen meine gigantischen Brüste, die nach dem Milcheinschuss in den Genuss einer weiteren Gratisvergrößerung kamen, sahen die von Lollo Ferrari aus wie ein müdes B-Körbchen.

Alles an meinem Körper war weich und ziemlich groß.

Erstaunlich, dass mich das gar nicht so sehr gestört hat, denn vorher war ich ziemlich eitel; ich bin sogar nur unter der Bedingung schwanger geworden, dass ich eine Schönheits-OP bekomme, wenn ich nach Geburt und Stillen mit meinen Brüsten unglücklich bin. Und würde ich mich mit dem Maß messen, das ich vor der Schwangerschaft angelegt habe, wäre diese OP wahrscheinlich dringend notwendig. Aber erstaunlicherweise bin ich jetzt nur noch phasenweise kritisch. An solchen Tagen finde ich meinen Körper schrecklich und gucke mir frustriert Fotos vom letzten Urlaub vor der Schwangerschaft an, auf denen ich im Bikini am Strand herumpose. Ich kann kaum glauben, dass ich mal so aussah und mich trotzdem zu dick fand. Als meine Freundin, damals schon Mutter, diese Urlaubsfotos anguckte, meinte sie ganz nüchtern: »Das wirst du nach 'nem Kind knicken können.« Und sie hatte recht. Ich sehe nicht aus wie vorher. Alles ist weicher, die Haut am Bauch sieht manchmal aus, als wäre sie ein bisschen zu groß. Die Kaiserschnittnarbe ist zu stramm genäht und wird nur langsam blasser. Das ist zwar absolut nicht makellos, aber eine Erinnerung an die extremste Erfahrung meines Lebens, und dass es eine so deutlich sichtbare Erinnerung ist, gefällt mir sogar.

Mir ist keineswegs egal, wie ich aussehe, ich habe nur endlich das Interesse daran verloren, perfekt sein zu wollen. Mein Körper soll eher sehr lange in einem so guten Zustand bleiben, dass ich auch als alte Frau noch meinen Urlaubskoffer tragen und meine Füße sehen kann.

Ich sehe also nicht perfekt, sondern ganz normal aus. Manches an mir mag ich, und manches finde ich blöd, zum Beispiel meine Nasolabialfalten oder die immer stärker werdende Verbindung meines Körpers mit der Schwerkraft. Aber eigentlich habe ich keinen Grund, mich zu beschweren, und lasse es deshalb auch meistens. Erst recht, wenn ich mit anderen Müttern zusammen bin, die stärker mit den körperlichen Überresten der Schwangerschaft zu kämpfen haben als ich. Weil ich das gemein und rücksichtslos finde. Das erinnert mich an die blöden Streber in der Schule, die nach der Klassenarbeit gejammert haben, sie hätten bestimmt eine Sechs, und dann »total überrascht« waren, dass es eine Eins war. Zwei solche Kandidatinnen hatte ich bei der Rückbildung. Die eine hatte zehn Wochen nach der Geburt eine Figur wie Kate Moss, die andere sah aus wie ein Model, und beide haben inmitten von uns weichen, übergewichtigen Frauen pausenlos über ihren Bauchspeck gejammert. Erst habe ich ihnen Haarspliss und Schreikinder gewünscht, aber schließlich habe ich festgestellt, dass die Welt auch so gerecht ist: Die beiden sahen vielleicht top aus, aber sie hatten den gleichen Unterhaltungswert wie Serviettentechnik. Und gerade im ersten Jahr mit Kind hätte ich meinen Humor für nichts gegen einen schöneren Körper eingetauscht. Denn ich bezweifle, dass ein flacher Bauch jemals eine anstrengende Nacht mit einem zahnenden Kind einfacher gemacht hätte.

WAS MACHE ICH, WENN ICH MICH ZU FETT
UND ZU ALT FINDE:

- Ich gehe zum Sport. Wenn ich ein- bis zweimal da war, fühle ich mich meistens gleich viel wohler in meiner Haut.
- Ich jammere meinem Mann die Ohren voll. Der sagt dann, dass er mich toll findet, und ich merke, dass er es genau so meint.
- Ich versuche, so wenig wie möglich darüber nachzudenken, denn irgendwann habe ich ohnehin wieder so viel um die Ohren, dass das Thema in den Hintergrund gerät.
- Ich ignoriere, dass ich die neue Jeans eine Nummer größer gekauft habe, und genieße lieber ihren lockeren Sitz.
- Ich sage mir, dass sich alles immer ausgleicht. Dann überlege ich, was ich habe, das die von außen makellosen Frauen nicht haben. Irgendwas findet sich eigentlich immer.

Mach das sofort aus!!!

Das Entsetzen bei schlechten Nachrichten über Kinder.

Es ist nicht so, dass ich vor meinem Kind ein ignoranter Eisklotz war. Aber seit seiner Geburt schaudert es mich nicht mehr nur bei Nachrichten über misshandelte oder kranke Kinder – ich kann sie schlichtweg nicht mehr aushalten. Berichte darüber sorgen bei mir dafür, dass meine Haut wehtut und ich in den meisten Fällen auch gleich anfangen muss zu weinen. Dabei habe ich noch hochschwanger einen Film gesehen, in dem ein Baby aus dem Bauch seiner Mutter geschnitten wurde, und nicht einmal mit der Wimper gezuckt. Jetzt muss ich Filme, in denen Kindern etwas passiert, wegschalten, und wenn ich zufällig in etwas reinzappe, das ein Kind in Gefahr zeigt, muss ich so lange weitergucken, bis alles wieder gut ist, ganz egal, wie schlecht der Film ist. Aus drei Gründen werde ich wahnsinnig bei diesem Thema. Erstens finde ich es furchtbar und ungerecht, dass einem kleinen Menschen, der noch nie jemand anderem etwas zuleide getan hat, Schlimmes passieren muss. Der Sohn von Freunden, der nur wenig älter ist als meiner zum Beispiel, hat Leukämie. Warum, verdammt? Jeden Tag denke ich an ihn und fühle mich schäbig, wenn ich den Gedanken an ihn wieder verdrängen muss, schließlich können seine tapferen Eltern das nicht, sie haben jede Sekunde Angst um ihr Kind.

Zweitens werde ich zum Tier, wenn ich darüber nachdenke, dass Eltern körperlichen oder psychischen Schaden für ihr Kind sorglos in Kauf nehmen, ja, ihn sogar selbst mit Absicht herbeiführen. Dann kann ich vor lauter Wut nicht mehr nachvollziehen, dass die Eltern vielleicht selbst Opfer sind, sondern sehe nur die enttäuschten, ratlosen, leidenden Augen der Kinder vor mir, die vernachlässigt oder geschlagen werden, und bin plötzlich Fan von Selbstjustiz und fordere die schlimmsten Folterstrafen für Kinderschänder. Erst recht, weil ich mir – drittens – immer automatisch vorstellen muss, dass es sich bei den Vernachlässigten, Misshandelten oder Getöteten um mein eigenes Kind handelt. Den Gedanken, dass ihm so etwas Schlimmes wie Gewalt oder schwere Krankheit zustößt, kann ich gar nicht bis zu Ende zulassen, sonst würde ich nämlich durchdrehen. Wenn ich mir ausmale, dass ihm etwas Furchtbares passiert, schnürt es mir die Luft ab, ich werde panisch, und in meiner letzten Gedankensequenz springe ich aus Verzweiflung immer von unserem Balkon im fünften Stock.

Auch wenn es in anderen Bereichen hilfreich sein mag, mit dem Schlimmsten zu rechnen, bringt mir das in diesem Fall überhaupt nichts. Denn obwohl ich weiß, dass es Menschen gibt, die Kindern Furchtbares antun, dass Kinder ohne triftigen Grund krank werden und manchmal sterben, dass auch mein Kind nicht vor Krankheit oder Verbrechen gefeit ist, muss ich diese quälenden Nachrichten und Gedanken immer sofort beiseiteschieben – oder immer wieder aufs Neue vom Balkon springen.

WAS ICH TUE, WENN ICH ETWAS ENTSETZLICHES LESE ODER DENKE:

- Ich lege die Zeitung weg, schalte um oder bitte gegebenenfalls darum, das Gesprächsthema zu wechseln.
- Ich nehme meinen Sohn in den Arm und knutsche ihn so lange, wie er es zulässt.
- Ich spende für Krankenhausclowns und Projekte, die sich um Kinder sowie überforderte Mütter/Eltern kümmern.

- Ich bin in der Stammzellen-Spenderdatei eingetragen und hoffe, dass mein Knochenmark irgendwann helfen kann.

Lass ihn mitspielen oder ich hau dich.
Die Leidenschaft einer Löwenmutter.

Ich habe mich mit einer Vierjährigen um eine Schaufel gestritten. Weil sie mit dem Sandspielzeug meines Sohnes gespielt hat, aber ihr eigenes nicht mit ihm teilen wollte. Mein kleiner Sohn schaltete mich mit seinem großen, traurigen Mach-was-Blick in den Löwenmutter-Modus. »Nicht mit mir, Frollein«, habe ich sofort gedacht, »wenn du nicht abgibst, gibst du gefälligst auch sein Spielzeug wieder her.« Nachdem sie meiner Aufforderung nicht Folge leisten wollte, zogen wir von beiden Seiten an Juniors Schaufel. Ich zischte »ich lasse nicht zuerst los«, und funkelte sie dabei wütend an. Irritiert ließ die Kleine zuerst los und rannte zu ihrer Mutter, die zum Glück nicht so drauf war wie ich.

Das ist ziemlich peinlich, ich weiß. Und es wird zwar nicht besser, aber dafür lustiger, wenn ich schreibe, dass dem Mann das auch schon passiert ist. Er wollte mit unserem Sohn auf dem Spielplatz schaukeln, als ein rosa Mädchen zickte: »Der darf hier nicht schaukeln, die Schaukel gehört So-fi-a.« Er setzte den Sohn auf die Schaukel und zickte zurück: »Nee, die Schaukel gehört nicht Sofia, sondern der Sta-hadt!«

Inzwischen habe ich mich glücklicherweise etwas entspannt und schaffe es immer häufiger, so lange nicht in die Streitigkeiten der Kinder einzugreifen, bis sie sich bleibende körperliche Schäden zufügen würden, auch wenn es mir ziemlich schwerfällt. Ich könnte zum Beispiel auf der Stelle weinen und fuchsteufelswild um mich treten, wenn ich mir ausmale, dass irgendwann die großen Jungs im Hinterhof meinen Kleinen wegschicken, weil sie nicht mit »Babys« spielen, und mein kleiner Junge mit großen, ratlosen, traurigen Augen allein auf dem Hof steht. »Wer meinem Sohn das Herz bricht, dem breche ich die Arme«, möchte ich allen drohen. Aber natürlich weiß ich, dass dies Situationen sind, die er aushalten muss, und natürlich würde ich niemals unseren Nachbarskindern die Knochen brechen. Beim Handwerker, der bei den Tageseltern etwas reparieren sollte und stattdessen meinem krabbelnden Kind so die Eingangstür über die Hand gezogen hat, dass es einen Fingernagel verlor, war ich allerdings kurz davor. Klar konnte der Mann nichts dafür, schließlich konnte er das Kind von draußen nicht sehen, aber trotzdem hätte ich am liebsten seine Kniescheibe mit einem Hammer zertrümmert oder mit einer rostigen Kneifzange jeden einzelnen seiner Fingernägel gezogen. Halbwegs erwachsen habe ich es bei einem hasserfüllten »Sie haben meinem Kind wehgetan!« belassen.

Ja, ich sehe dunkelrot, wenn mein Kind schlecht behandelt wird, und ich bin dankbar für meine Selbstbeherrschung, die mich vor unangemessenen Reaktionen schützt. Zum Beispiel wenn die Tageseltern erzählen, dass mein Sohn gerade viel haut oder an den Haaren reißt, und andere Eltern das auch noch bestätigen. Dann bin ich wirklich kurz davor, wie eine Vierzehnjährige beleidigt im »Guck dich doch selber an«-Stil zurückzuschießen.

Dass ich für das Wohl meines Kindes wirklich zum Tier werden kann, hat mir ein Vorfall mit meiner Schwiegermutter gezeigt. Sie ist vor einigen Monaten in ihrer Wohnung kollabiert, als der Mann, der Sohn und ich gerade zu Besuch bei ihr waren. Der Mann und ich dachten, sie stirbt, und mussten uns sehr schnell, ohne auf das Kind zu achten, um Erstversorgung beziehungsweise um einen Notarzt kümmern. Mein Sohn musste alles mit ansehen und stand wie gelähmt in seiner kleinen Winterjacke da und schrie immer wieder »Nein! Nein! Nein!«. Bis heute erzählt er die Geschichte in seinen drei kleinen Worten immer wieder, und bis heute hat er Angst vor seiner Oma.

Erschreckend an dieser Geschichte ist, dass ich noch immer nicht in der Lage bin, Mitleid für meine Schwiegermutter zu empfinden. Eigentlich bin ich sogar fast ausschließlich wütend auf sie, weil mein Sohn ihretwegen Albträume, Angst und schlimme Bilder im Kopf hat. Davor, dass noch einmal so etwas passiert, beschütze ich ihn, indem wir die Oma nur noch sehen, wenn so viele Erwachsene da sind, dass sich im Kollapsfall gleichermaßen um Oma und Kind gekümmert werden kann. Als Ausgleich zu dieser eventuell etwas übertriebenen Maßnahme gucke ich dafür schnell weg, wenn ein anderes Kind meinen Sohn schubst oder ihm sein Spielzeug aus der Hand reißt. Meistens.

GUTE LÖWENMUTTER, SCHLECHTE LÖWENMUTTER:
- Ich teile in Konfliktsituationen den Eltern des anderen Kindes mit, dass von mir aus niemand eingreifen muss, und versuche, mich strikt daran zu halten, zumindest so lange, bis die Kinder sich ernsthaft verletzen würden.
- Schaffe ich es nicht, mich herauszuhalten, und beginne, meinem Kind zu erklären, dass »der Junge die Schaufel

aber zuerst hatte«, mache ich einen Witz über mich und versuche, mich beim nächsten Mal nicht einzumischen.

- Wenn andere mein Kind kritisieren, atme ich kurz tief durch, höre es mir ruhig an und reagiere erwachsen. Falls ich doch noch sauer bin, verschiebe ich mein albernes Gezicke auf später, wenn ich dem Mann davon berichte.

- Merke ich, dass meinem Kind eine Situation zu viel wird, zum Beispiel bei Treffen mit vielen Menschen, die alle mit ihm spielen wollen, was ihn hektisch und überdreht macht, greife ich ein. Dann ist mir auch egal, wenn andere mich für eine Glucke halten. Ich kenne mein Kind am besten und kann es demzufolge auch am besten einschätzen.

Ich will mein altes Leben zurück!
Die Sehnsucht nach Saufen, Ausschlafen und Nichtstun.

Es war einmal ein Bett, das wurde sehr geliebt. Es wurde viel und gern in ihm geschlafen, und die Frau, die das tat, ist nur aufgestanden, wenn es unbedingt sein musste. Heute ist mein Bett wie eine U-Bahn, ständig steige ich ein und wieder aus und mache nur zwischendurch ein paar kleine Nickerchen in Hab-Acht-Stellung, weil das Kind ja Angst, schlechte Laune, Durst oder den Schnuller verloren haben könnte (FLASCHE UND SCHNULLER LIEGEN IM BETT, VERDAMMT!!!).

Es war einmal eine Wohnung, die sah genau so aus, wie sie sich ihre Mieterin vorgestellt hat. Sie verbrachte viel Zeit allein, hörte viel unterschiedliche Musik und trank Kaffee, der nirgendwo sonst so lecker war; sie lag ganze Tage auf dem Sofa und guckte fern. Heute habe ich ein mit Kugelschreiber vollgekriggeltes Ecksofa (!), von dem ich ständig aufstehen muss, weil das Kind entweder etwas will oder verdächtig ruhig ist. Dann trete ich auf Bauklötze und Benjamin-Blümchen-Gitarren und höre seit Monaten nur noch zwei Lieder: »They are bulding walls around us« von Moneybrother und »Windelfenpower« von Marco & die Elfenbande.

Es war einmal eine Frau, über die sagte man respektvoll »Die kann was am Glas!«, sie hatte viele Piercings, eine große Klappe und stolperte regelmäßig morgens aus der Bar direkt in ihre Arbeitsstelle.

Heute sind meine Tage so ausgeflippt wie eine Hausratversicherung, die Piercings trägt der Mann in seinem Portemonnaie spazieren, und wenn ich einen Rausch habe, dann höchstens, weil ich mich zu nah an die Leberwurstwindel meines Sohnes gewagt habe.

Hilfe! Ich befinde mich im Muttistrudel. Ich habe Angst, dass alles immer so bleibt, dass ich nur noch übers Kind rede, wetterfeste Kleidung trage, in Etappen schlafe und nichts anderes mehr mit dem Mann mache, als zu planen, wer wann das Kind nimmt, damit der andere arbeiten kann. Und wenn dann noch das Kind mit Essen wirft, obwohl ich »schon tausendmal gesagt habe«, dass er das nicht soll, obwohl ich nie so etwas sagen wollte wie »Ich habe schon tausendmal gesagt«, wenn der Mann schon wieder länger arbeiten muss und ich mich in meiner Familie fühle wie Aschenputtel, wünsche ich mir sehnsüchtig mein altes Leben zurück. Vor dem Kind konnte ich so herrlich gedanken- und verantwortungslos sein. Ich bin total übermüdet nachts Auto gefahren und habe dabei Kette geraucht, ich bin nach einem harmlosen Abendessen mit Freunden schlimm versackt, und an manchen Tagen bin ich nur aus meinem Bett aufgestanden, um den Lieferservice reinzulassen.

Und auch wenn es absolut nicht so ist, dass ich meinen Sohn loswerden will, manchmal würde ich mich so gern vor dieser allgegenwärtigen Verantwortung davonschleichen. Manchmal habe ich es so satt, dass ich mir, seit ich Mutter bin, um alles viel zu viele Sorgen mache, immer an morgen denke und alles plane. In diesen Momenten träume ich mich in mein altes Leben und könnte mich gleichzeitig mit einem sehr großen Fisch dafür ohrfeigen. Weil ich mich wegträume, anstatt einfach mal meine Bedürfnisse zu äußern und Forderungen zu stellen. Das Kind hat zwar mich und die Begleitumstände verändert, aber das heißt ja nicht automatisch, dass nichts mehr geht. Der Mann macht mir regelmäßig vor, wie einfach das ist: Er teilt mir mit, dass er etwas unternehmen möchte, wir gucken, ob das zeitlich geht, und dann macht er es eben. Wenn ich etwas unternehmen möchte, denke ich: »Hm. Diese Woche? Schlecht. Das Kind hatte so Augenringe heute, es wird morgen bestimmt krank, und wenn der Mann dann länger arbeiten muss, müsste ich die Verabredung eh absagen. Da lasse ich es doch lieber gleich. Überhaupt, es ist so gemein, dass der Mann machen kann, was er will, weil ich ja immer da bin und auf alle Rücksicht nehme, und wenn ich einmal was machen will, dann geht es wieder nicht. Mein Leben ist scheiße.«

Gemerkt? Innerhalb von nicht mal einer Minute habe ich ein Bedürfnis verspürt, mir selbst den Verzicht auferlegt, um sofort anderen beleidigt die Schuld daran zu geben, dass ich immer verzichte. Kann bitte noch einmal jemand den Fisch bringen? Oder einen Edding 800, damit ich mir hinter die

Ohren schreiben kann, dass ich bei Sehnsucht nach früher einfach etwas machen muss wie früher. Und das geht eigentlich ganz einfach: Mund aufmachen, Wunsch äußern und los. Will ich zum Beispiel wie früher mal lange am Stück schlafen, übernimmt der Mann die Nachtschicht oder lässt mich ausschlafen. Will ich mal wieder ausgehen und mich besaufen, passt er aufs Kind auf UND lässt mich ausschlafen. In den meisten dieser Fälle bin ich abends vor elf wieder zu Hause und morgens vor acht Uhr wach. Aber manchmal hüpfe ich noch um drei mit meiner besten Freundin auf der Tanzfläche eines Gitarrenschuppens zwischen Halbstarken herum, wir reißen die Arme hoch, wenn unsere Lieblingslieder gespielt werden, und grölen laut mit. Dann ist mir völlig egal, dass die halbe Tanzfläche sich fremdschämt, dass ich am nächsten Morgen um sieben aufwachen werde und nicht mehr einschlafen kann oder dass ich den lieben Tag lang keine Chance bekommen werde, meinen Kater auszukurieren. Dann knutsche ich meine Freundin ab und bin endlich mal wieder so verantwortungslos wie früher.

WILL ICH MEIN ALTES LEBEN ZURÜCK, DANN ...

- ... stelle ich mir vor, wie mein Leben weitergegangen wäre, wenn ich Mann und Kind nicht hätte – und finde das sehr trostlos.
- ... versuche ich, meine Bedürfnisse klar zu artikulieren, damit der Mann und ich absprechen können, wie ich Familienabstand gewinnen kann.
- ... unternehme ich so lange Dinge, bis ich merke, dass sich das alte und das neue Leben gar nicht unbedingt ausschließen. Das kann genauso eine Feiernacht oder ein Konzert mit der besten Freundin sein wie ein Plattenladenkonzert oder eine Städtereise mit dem Kind.

Pass auf! Nimm mich an die Hand! Nein! Vorsicht!

Die Angst, weil immer überall alles passieren kann.

Früher konnte ich mir nicht vorstellen, dass man mit einer Zahnbürste in der Hand so unglücklich hinfallen kann, dass sie durch die Nase direkt ins Hirn sticht. Heute ist das eine meiner leichtesten Übungen. Jeden Tag geht meine Fantasie aufs Neue mit mir durch:

Ziehe ich meinem Sohn seinen Pulli aus, stelle ich mir vor, wie ein Knopf in seinem Augenlid hängen bleibt und es abreißt. Beim Fahrradfahren befürchte ich, den Gurt nicht richtig zugemacht zu haben, so dass mein Sohn auf die Straße kippt und vor meinen Augen von einem Tanklaster überfahren wird, und im Supermarkt sehe ich hinter jedem Gesicht ein durchgeknalltes Psychopathenhirn, das nur darauf wartet, sich mein Kind zu schnappen und es als sein eigenes Kind großzuziehen (und das auch noch nach völlig falschen Methoden).

Ich habe vor allem Angst, oft völlig ohne Grund. Nach der Geburt zum Beispiel bin ich monatelang jede Nacht panisch aufgewacht, weil ich dachte, mein Sohn wäre weg. Denn obwohl er nie dort geschlafen hat, dachte ich wirklich jede Nacht aufs Neue, er müsste in unserer Mitte liegen. Wo er nie war, weil er, wie immer, in seinem Bett lag. Den Höhepunkt fand diese Wahnvorstellung im Urlaub, als mein Sohn etwa acht Monate alt war. Mein Mann und ich lagen im Bett und schliefen. Ich bin plötzlich aufgewacht, suchte wie immer das Kind in unserer Mitte und bekam einen Riesenschreck, denn wenn das Kind zwischen uns schlief, musste der Mann direkt auf unserem Kind liegen. Ich kreischte panisch und versuchte verzweifelt, ihn wegzurollen. Mein schlaftrunkener Mann verstand nicht, warum seine kleine Frau wie von Sinnen an ihm zerrte. Zum Glück wurde ich schnell richtig wach, verstand die Situation und erklärte sie meinem Mann, der hellwach antwortete: »Nee, nee, so liege ich gar nicht. Gerade erst habe ich gelernt, wie man richtig liegt, nämlich so.« Und dann wühlte er im Bett herum und führte mir seine neu erlernte Liegeposition vor. Bitte was? Jetzt wusste ich zwar, dass es meinem Kind gut ging, aber stattdessen war mein Mann verrückt geworden. Ich also: »Mann, du schläfst noch und redest wirres Zeug!« Er: »Nee, ich weiß jetzt, wie man richtig liegt.«, und zeigt es mir gleich noch einmal.

Ja, ich hatte immer Angst. Hatten andere meinen Sohn auf dem Arm, befürchtete ich, dass sie auf ruckartige Bewegungen von ihm nicht vorbereitet waren, sein Oberkörper nach hinten kippt und er in der Mitte durchbricht. Als er ein paar Wochen alt war, balancierte mein Mann ihn auf seinem Unterarm, so wie man das auf diesen total süßen Postern von halb nackten Männern und Babys immer sieht – und ich bin total ausgeflippt vor Panik, das Kind könnte herunterfallen. Das Ganze spielte sich keine zehn Zentimeter vom Boden ab.

Und wem ist der erste echte Unfall passiert? Natürlich mir. Als er ungefähr drei Monate war, habe ich ihm das Ellenbogengelenk ausgehakt. Ich habe ihn vom Liegen ins Sitzen gezogen, und dabei ist es passiert. Sein linker Arm hing reglos runter, und er brüllte wie am Spieß. Auf dem Weg ins Krankenhaus habe ich mehr geweint als er, und als er einschlief, dachte ich an die Kriegsfilme, in denen es das Todesurteil bedeutet, wenn Verletzte einschlafen, und habe wirklich so etwas gesagt wie: »Bleib bei mir, Hasenkind.« Im Krankenhaus waren im Gegensatz zu mir alle entspannt: »Ja, ja, Chassaignac-Lähmung, passiert andauernd, gleich tut's noch einmal weh, und dann hat er's auch schon vergessen.« So war's dann auch. Als sie wieder alles an Ort und Stelle gedrückt haben, schrie er noch einmal auf, und gleich danach hat er auf der Behandlungsliege schon wieder gelacht. Ich nicht. Ich hatte Schuldgefühle und Albträume. Und wenn ich aus den Albträumen hochschreckte, kam gleich der nächste Schreck, weil ich ja immer noch dachte, mein Kind sei weg, weil es nicht zwischen mir und dem Mann lag.

Das Schlimmste kommt aber erst noch, denn in diesem ganzen Text war ich noch nicht einmal mit dem Kind auf dem Spielplatz oder zu Fuß in der Stadt unterwegs, dabei kriege ich es nämlich erst richtig mit der Angst zu tun. Das einzig Gute an meiner Angst ist, dass ich, wie mir Freunde bescheinigten, halbwegs lässig dabei aussehe und man mir nicht unbedingt anmerkt, dass mein Herz sich gar nicht mehr die Mühe macht, wieder aus der Hose nach oben zu rutschen.

Und manchmal sehe ich nicht nur lässig aus, sondern bin es auch. Das sind nur leider oft genau die Momente, in denen tatsächlich etwas passiert. Als der Mann und ich einmal entspannt frühstückten, zum Beispiel, tingelte der Sohn durch das Wohnzimmer und fing plötzlich an zu weinen. Wir hatten es nicht rumsen hören, guckten nicht mal von unseren Zeitungen auf und murmelten nur »Nix passiert, Hasenkind«. Wenig später, er hatte schon wieder aufgehört zu weinen, guckte ich doch auf: Sein Mund war blutverschmiert, und er hatte ein Stück Zahn verloren. Auch dieses Ereignis hat nicht unbedingt zu meiner Entspannung beigetragen.

Aber ich gebe nicht auf und trainiere gegen meine Angst an, ich ermutige meinen Sohn, ohne Festhalten über die

Hängebrücke zu gehen oder andere für mich in die Kategorie »lebensgefährlich« fallende Dinge auszuprobieren. Dabei zwinge ich mich, nicht hektisch um ihn herumzutänzeln und immer mit dem Arm zu zucken, wenn vielleicht etwas passieren könnte, sondern wie zufällig daneben zu stehen und ihn für seinen Mut zu loben. Das klappt ganz gut, und es macht Spaß, zu sehen, wie stolz er ist, wenn er etwas allein geschafft hat. Aber so cool wie andere werde ich nie sein.

Vor ein paar Wochen habe ich sogar aus lauter Angst einen Spielplatz verlassen. Dort befand sich ein so gefährlicher Spielturm, dass ich vermutete, die Notaufnahme der städtischen Klinik habe ihn gesponsort – aus Mangel an Patienten. Erst schob ich mein mulmiges Gefühl mutig beiseite und ließ den Sohn dieses unfassbar dünne Seil hochbalancieren, obwohl er sich an den Seiten nur an zwei spindeldürren Fädchen festhalten konnte. Aber nachdem ich mir verdreht gebrochene Beine und zwei Schädelbasisbrüche mit blutenden Ohren ausgemalt hatte, brach ich das fröhliche Spielen ab.

»Kind, es tut mir leid. Wir müssen nach Hause gehen. Ich bin ein Spielplatzschisser. Ich kann dir prima die Haare waschen, ohne dass du Schaum in die Augen bekommst, oder dir Medizin geben, ohne dass du ausflippst, aber ich kann nicht mit dir auf Spielplätzen spielen. Auch in deinem Interesse rate ich dir: Komm lieber mit Papa wieder.«

»????«

Eine Freundin von mir kann zum Beispiel seelenruhig Kaffee trinken und Zeitung lesen, während ihr zweijähriger Sohn auf dem Klettergerüst herumturnt. Ich hätte ein Loch in die Zeitung geschnitten, und die Milch in meinem Kaffee wäre vor lauter Zittern sofort zu Käse geronnen. Und um meinen Sohn so lässig auf einem Laufdreirad durch den Straßenverkehr bugsieren zu können wie eine andere Freundin von mir, müsste ich vorher eine Vollsperrung der Straße veranlassen.

Ich würde so gern mit diesem Kopfkino aufhören oder zumindest zeitweise das Programm auf Ren & Stimpy ändern können. Aber es geht weiter. Zum Beispiel stirbt mein Sohn jede Nacht den Plötzlichen Kindstod, weil mir eine Frau bei der Elternschule etwas total Beknacktes eingeredet hat. Als er acht Wochen alt war, ging ich mit einer Freundin und unseren Söhnen dorthin. Wir wurden gleich gefragt, wie es uns geht. Meine Freundin war sehr müde und beklagte sich darüber, dass ihr Kind so schlecht schlief. Die Leiterin meinte aufmunternd: »Das ist ein gutes Zeichen, dann ist das Kind vital.« Ich war verwirrt, mein Sohn schlief zu diesem Zeitpunkt schon sieben Stunden am Stück, und ich fragte sie beunruhigt, was ihre Theorie denn für mein Kind bedeutete. Die Frau machte ein sehr ernstes Gesicht, beugte sich zu mir vor und sagte: »Da musst du aufpassen, dann besteht die Gefahr, dass er IMMER WEITERSCHLÄFT.« Dank dieser Frau hat sich bei mir die Angst eingebrannt, dass mein Kind, wenn es fest schläft, nicht mehr aufwacht, und so konnte ich die Phase, in der er so gut schlief, nie genießen. Natürlich ist das totaler Quatsch. Kinderarzt und Hebamme haben es mir versichert. Aber trotzdem rechne ich noch immer jeden Abend damit, dass der Mann, wenn er noch mal nach dem Kind guckt, panisch zu schreien beginnt, oder dass es »immer weitergeschlafen hat«, wenn wir morgens in sein Zimmer gehen, um es zu wecken. Das einzig Gute an meiner blühenden Phantasie ist, dass ich mir auf der anderen Seite auch unendlich viele Rache-Szenarien für diese blöde, inkompetente Ziege von der Elternschule ausmalen kann, zum Beispiel, dass sie beim Zähneputzen so hinfällt, dass ihr die Bürste direkt ins Hirn sticht.

WAS ICH GEGEN MEINE ANGST MACHE:

- Ich sage mir, dass ich als Mutter nicht dazu da bin, mein Kind vor allem zu beschützen, sondern da zu sein und es zu trösten, wenn etwas schiefgegangen ist.
- Ich habe in den bisherigen Extremsituationen festgestellt, dass ich eigentlich gut reagiere. Das entspannt mich.
- Ich nehme mir an der Entspanntheit anderer Mütter ein Beispiel.
- Ich lasse ihn genau das spielen, wovor ich am meisten Angst habe. Ich baue einen Runterspring-in-die-Kissenschmeiß-Parcours für den Sohn, und er kann den ganzen Tag springen und reinschmeißen.

DER ALLTAG

Noch mal! Noch mal! Noch mal!
Die Langeweile. Die Langeweile. Die Langeweile.

Spirituelles ist nicht so meins, wie ich unlängst bei einem Wochenende in einem Yoga-Zentrum feststellen konnte. Als dort Menschen anfingen, wild um ein Feuer zu tanzen, merkte ich, dass kreischender Ausdruckstanz nichts für mich ist.

Ich fragte mich, ob es nicht noch andere Wege der Entspannung gibt. Die Antwort auf diese Frage war mein Sohn, der mich in einen tranceartigen Zustand versetzen kann, indem er Worte bis zu zweihundertmal wiederholt. Wenn er etwas haben will, mein Handy zum Beispiel, sagt er immer wieder »Mama Handy. Mama Handy. Mama Handy. Mama Handy. Mama Handy. Mama Handy. Mama Handy. Mama Handy. Mama Handy.«, aber ganz oft. Irgendwann hat er mich dann so weit: Ich starre nur noch auf seinen Mund, meine Großhirnrinde schwillt an, seine Stimme entfernt sich immer weiter von mir, und ich bin so bei mir, dass meine Alltagsgedanken erst immer leiser und schließlich durch ein monotones Rauschen abgelöst werden.

Und wenn wir »Alle meine Entchen« oder »Backe, backe Kuchen« so häufig wie Mantras singen, erreiche ich einen meditativen Zustand, in dem die oben genannten Yogis auch dann noch nicht wären, wenn sie ihre kompostierbaren Wohlfühlschuhe schon längst durchgetanzt hätten.

Ja, Wiederholung kann durchaus meditativ sein. Aber ehrlich gesagt macht sie mich viel öfter wahnsinnig. Nehmen wir das »Mama Handy«: Manchmal kann ich es tatsächlich ausblenden, aber viel öfter fressen sich diese zwei Worte durch meine Ohren ins Hirn und brüllen so laut in meine Synapsen, dass sie zurückbrüllen möchten: »JA, VERDAMMT! WIR HABEN ES SCHON BEIM FÜNFTEN MAL GEHÖRT!«, oder auch einfach »AAAAARRHHHHHGGGGG!«

Letzteres wäre auch die passende Reaktion auf des Sohnes Art, Musik zu hören. Es gibt Tage, an denen er von einem Lied so oft die ersten zwanzig Sekunden abspielt, dass der CD-Player sich sofort Arme wünscht, damit er sich an seinem Kabel erhängen kann. Und auch beim Essen pflegt mein Sohn seine repetitive Monokultur: Er will immer nur ein Obst oder ein Gemüse, und natürlich hat er nach jeder Mandarine, die er isst, mindestens fünfzigmal gefragt, obwohl er sie schon beim dritten Nachfragen in der Hand hielt.

Je gleicher alles ist, desto wohler fühlt sich mein Sohn. Aber je gleicher alles ist, desto höher ist auch die Wahrscheinlichkeit, dass ich irgendwann ausflippe. Wobei es bei mir nicht so sehr die kindlichen Gleichs wie »Mama Handy« oder »Noch mal!« sind, sondern eher die von Haushalt und Kinderpflege. Diese ewig gleichen Abläufe, diese elende Langeweile. Immer wieder muss ich wickeln, und immer wieder ist die Windel voll. Immer wieder wasche ich mein Kind in der Badewanne blitzblank, und immer wieder wird es schmutzig. Immer wieder hänge ich duftende Wäsche auf den Ständer, und immer wieder werfe ich sie verdreckt und stinkend wieder in die Maschine. Immer wieder kippt mein

Sohn Milch um, wirft sein Brot durch die Gegend oder beschmiert den Stuhl mit Butter, und immer wieder wische ich alles weg. Wenn ich diese Wiederholungen richtig satt habe, könnte ich Mietnomaden aufnehmen oder in meiner Küche Crystal Meth kochen, nur damit mal etwas Ausgeflipptes passiert. Aber natürlich würde ich mir mit beiden Alternativen selbst ins Knie schießen. Im Gefängnis wäre mein Tagesablauf ja noch gleicher, und einen Mietnomaden habe ich auch schon, schließlich zahlt mein Sohn weder Miete noch hält er Ordnung. Vom Chaos lasse ich übrigens immer mindestens die Hälfte für den Mann liegen. Für den Rest bleiben mir nur zwei Möglichkeiten: Entweder nehme ich die Wiederholungen esoterisch, als total sinnliche Erfahrung der Einheit von Selbst und Welt, oder sportlich: Ich versuche, alles öfter zu singen oder zu sagen als mein Sohn. Hihihi.

SO BEKÄMPFE ICH DIE LANGEWEILE:

- Variationen: Lieder anders singen, mal als Oper, als Heavy-Metal-Stück, schnell, oder Bücher in anderen Betonungen und Stimmen lesen. Das macht auch dem Kind Spaß!
- Ich lasse Sachen, zum Beispiel Schmutzwäsche oder Wollmäuse, liegen, damit der Mann sich darum kümmern kann, wenn er nach Hause kommt.
- Ich verstecke die CDs, Bücher, Spielzeuge, die mir am meisten auf die Nerven gehen, so lange, bis ich sie wieder ertragen kann.
- Ich perfektioniere meine »Interessiert gucken, aber nichts hören«-Technik, damit mein Sohn auch weiter alles tausendmal sagen kann, ohne dass er das Gefühl bekommt, er langweilt mich.

Hast du Kacka gemacht?
Der Verzicht auf jegliches Schamgefühl.

Als ich im Geburtsvorbereitungskurs tönen sollte, war mir das so peinlich, dass ich gekichert habe wie eine pubertierende Vierzehnjährige. Weil Tönen in diesem Fall eben nicht Rumprotzen oder Angeben bedeutete. Vielmehr sollten wir mindestens sechs Minuten die Arme vom Körper strecken und beim Ausatmen laut Töne singen, zum Beispiel die Buchstaben Aaaaa oder Oooooo. Es hat Ewigkeiten gedauert, bis ich mich durch die Vokale singen konnte, ohne zu lachen oder mit den Augen zu rollen, und ich war mir nach dieser Übung hundertprozentig sicher, dass ich bei der Geburt nicht einen Piep machen würde, weil das einfach total peinlich ist. Das Gegenteil sollte natürlich der Fall sein. Mit der Geburt bekam ich nämlich nicht nur ein Kind, sondern auch meine Eintrittskarte in eine neue Welt, in der meine Hemmschwelle für Peinlichkeiten niedriger ist als die eines Nacktradlers. Als Erstes war mir völlig egal, dass ich unter den Wehen das ganze Krankenhaus zusammenbrüllte, nachdem das Tönen als Schmerzveratmung nicht mehr ausreichte (nachträglich möchte ich mich bei allen Müttern entschuldigen, denen mein Gebrüll Angst eingejagt hat). Und nach der Geburt fing ich an, mit meinem Sohn zu sprechen, und zwar bereits in einer Phase, in der zwischen seinen Ohren so viel los war wie im Bücherregal von Claudia Effenberg. Ich schob ihn durch die Gegend und redete und redete. »So, mein Hasenkind, jetzt holen wir noch schnell etwas Milch, und dann fahren wir nach Hause, da ziehen wir unseren Schlafanzug an und machen es uns richtig gemütlich.« Mein Kind hat wahrscheinlich nur »ogäääbluu-

umüüü« verstanden, und die Leute, an denen ich vorbei-
schob, wahrscheinlich so etwas Beängstigendes wie »Ich
trage am liebsten Windhosen und sammle Katzenhaare in
einem alten Lakritz-Karton«. Mir war es egal, und bis jetzt
rede, singe und spacke ich herum, als wollte ich eine Ein-
weisung provozieren. Ich mache den MC-Hammer-Tanz.
Ich haue mir mit einem blinkenden Hammer auf den Kopf
und falle dann schielend um, ich singe mindestens vierzigmal hintereinander den BiBaButzemann, GulliRamsamsam
und Co. (alle mit dazugehörigen Moves), ich rülpse für meinen Sohn, oder ich jage ihn laut brüllend durch den Supermarkt. Und ich liebe es. Wenn er erst lachend vor mir weg-
läuft und wir uns dann beide mit Tigergebrüll in die Arme
laufen, macht mich das so glücklich, dass ich noch viel be-
knacktere Dinge tun würde, Hauptsache, er lacht noch mal
so glucksig.

Vor seiner Geburt fand ich die Eltern, die sich für ihre mit-
telmäßig niedlichen Kinder überverliebt zum Horst machten, nur peinlich. Heute bin ich selber so ein Horst und freue
mich über alle weiteren, weil das bedeutet, dass noch mehr
normale Kinder wie das Besonderste geliebt werden.

Es gibt nur eine Sache, die mir richtig peinlich ist: Wenn
ich meinen Sohn in der Öffentlichkeit nach seinem Stuhl-
gang fragen muss. Und zwar, weil mir das richtige Vokabular
fehlt. Ich schwanke zwischen »Hast du gekackt?« und »Hast
du Kacka gemacht?«.

Als meine Mutter einmal zu Besuch war und ich meinen Sohn gefragt habe »Hast du gekackt?«, entgegnete sie
mir pikiert, dass Hunde sehr wohl kacken, aber ihr Enkel
ganz bestimmt nicht. Und irgendwie hat sie auch Recht.
Aber »Hast du Kacka gemacht?« finde ich noch schlimmer,
diesen Satz kriege ich nicht über die Lippen, wenn andere

Menschen dabei sind. Deshalb wähle ich immer die nonverbale Methode, bei der nicht ich, sondern die anderen sich (fremd)schämen: Ich schnappe mir meinen Sohn und rieche beherzt an seiner Windel.

TOTAL PEINLICH. NA UND?

- Schlimme Kinderlieder, abgespackte Tänze und Co. sind eine tolle Übung, sich nichts aus der Meinung anderer Leute zu machen.
- Mir ist es wichtiger, mein Kind glücklich zu machen, als in das Schema augenrollender Menschen zu passen, die ich sehr wahrscheinlich nie wiedersehen werde.
- Mein Kind ist das perfekte Alibi dafür, mich völlig beknackt benehmen zu können.
- Wer meine Peinlichkeiten wirklich peinlich findet, der kann nicht nur mein Kind nicht zum Lachen bringen, sondern mich auch nicht.

Noch viereinhalb Stunden bis zur Schlafenszeit.
Der Fluch, die Zeit rumzukriegen.

Es ist vier Uhr. Ich habe meinen Sohn vom Tagesvater abgeholt, etwas eingekauft, und wir haben nichts weiter vor. Der Tag ist ja auch fast schon vorbei, denke ich mir, da nutze ich die Zeit mit meinem Kind und stapfe motiviert ins Kinderzimmer. Wir lesen ein paar Bücher, bauen ein paar Türme, werfen ein paar Bälle durch die Gegend, toben und bauen eine Höhle. Es ist Viertel nach vier. Ich hole Stifte, und wir malen Feuerwehrautos und Omas. Wir trinken eine heiße

Milch in der Höhle. Dann machen wir das Radio laut und tanzen. Es ist halb fünf.

Heilige Scheiße, es ist erst eine halbe Stunde um? Aber wir haben doch schon alles gespielt! Abendbrot ist in zwei Stunden. Was soll ich denn bis dahin nur machen? Ich werde panisch. Ich rufe meine Nachbarin an und frage, ob sie nicht spontan auf einen Kaffee vorbeikommen will. Sie kann nicht. Es ist fünf nach halb fünf. Je ungeduldiger ich werde, umso nöliger wird mein Sohn. Er merkt, dass ich unentspannt bin, und wird es deswegen auch. Er schlendert durch unsere Wohnung, sucht in jeder Ecke Ärger und wird in jeder Ecke fündig. Er drückt am DVD-Player rum, schmeißt eine Fernbedienung durch die Gegend, schießt seine Ukulele aus dem Zimmer, und ich meckere viel mehr als normal, einfach nur, weil es so langweilig ist und ich nur noch diese zwei Stunden vor mir sehen kann wie einen Achttausender, den ich in Flipflops mit einem Fünf-Kilo-Glas Nutella auf dem Kopf bezwingen muss. Inzwischen habe ich so oft auf meine Uhr geschaut, dass sie für meinen Sohn auf der »Auch haben wollen«-Skala mein Handy vom ersten Platz verdrängt hat. Es ist zwanzig vor fünf. Was für eine Qual!

In diesen Momenten schimpfe ich nicht nur mit meinem Sohn, sondern auch mit mir. Schließlich ist er doch schon den ganzen Tag in Betreuung, da müsste ich mich doch freuen über die »Quality Time«, die ich von halb vier bis zum Abendbrot mit ihm haben kann. Aber stattdessen bin ich unkreativ, langweilig und armselig. So armselig, dass ich sogar extra langsam schimpfe, damit mehr Zeit vergeht.

Dann gebe ich meinem Kind mein Handy zum Spielen, damit ich mal kurz Mails checken, in einer Zeitung blättern oder aus dem Fenster starren kann, in die Welt, in der die Zeit in normaler Geschwindigkeit vergeht.

Warum ist manchmal jede Minute länger als ein Film von Rosamunde Pilcher, wenn andere Tage vergehen wie im Flug? Manche Tage verbringe ich komplett und allein mit dem Sohn. Da ist zuerst ganz plötzlich Mittag, und ich habe vor lauter Rumgedaddel vergessen, Essen zu machen, und bevor ich Piep gesagt habe, hat das Kind schon den Schlafanzug an. Und wenn ich dann denke, was wir an diesen Tagen alles gespielt haben müssen, dann fällt mir auf, dass ich eigentlich nur Hausarbeit gemacht habe. Ich habe zum Beispiel den Kinderkleiderschrank aufgeräumt, Sachen aussortiert, auf Haufen gelegt, die mein Sohn immer wieder durcheinander- und ich immer wieder in Ordnung gebracht habe. Und auch bei allen anderen langweiligen Tätigkeiten vergeht die Zeit wie im Flug, weil er mich beeindruckend hartnäckig sabotiert. An diesen Tagen finde ich seine Sabotage kreativ und lustig statt nervig, wir sind im Fluss und genießen die Zeit miteinander. Wenn wir so den Tag verbringen, möchte ich die Zeit nicht totschlagen, viel lieber möchte ich ihr ein Käsebrot schmieren und sie bitten, etwas länger zu bleiben. Aber wenn ich eigentlich viel anderes erledigen muss, schlechte Laune habe, er krank oder halb krank ist und wirklich gar nichts zu tun ist, dann wünsche ich mir ein Wurmloch, durch das mein Sohn um halb vier direkt im Schlafanzug in sein Bett rutschen kann.

SO SCHLAGE ICH DIE ZEIT TOT:
- Ich verabrede mich. Ein Nachmittag mit Freunden, mit oder ohne Kinder, vergeht wie im Flug und macht meinem Sohn Spaß.
- Ich erledige die Dinge, die ich eigentlich aus Rücksicht aufs Kind auf die Abendstunden schiebe, gemeinsam mit ihm. Dabei darf er Chaos veranstalten, das heißt, ich

lege jedes Handtuch viermal zusammen und räume die Waschmaschine fünfmal ein. Dafür ist aber auch plötzlich eine Stunde vergangen.

- Wenn niemand Zeit hat, die Wäsche gewaschen, der Kuchen gebacken und alles gespielt ist, dann darf er mit dem Handy spielen, und in ganz schlimmen Fällen von Zeitschleicherei gucken wir auch mal Fernsehen.

Das tollste Kind der Welt!
Der Stolz, wenn andere das Kind super finden.

Vorgestern war ich mit einer Freundin und unseren Kindern beim Pampers-Turnen. Zum Abschluss sitzen immer alle Kinder auf dem Mattenwagen und werden eine Runde durch die Halle geschoben, während wir Eltern das schmissige Lied von der Bimmelbahn singen. Bevor es überhaupt losging, nur, weil er den Mattenwagen gesehen hatte, reckte mein Sohn seine kleine Faust in die Luft und rief so etwas Ähnliches wie »Bimmel!«. Und dann ist es passiert. Ich bin gehüpft und wurde ganz hektisch: »ER MACHT DIE BIMMELBAHN! ER MACHT DIE BIMMELBAHN!«

Die Gesichtszüge meiner Freundin entgleisten. Sie versuchte noch, höflich zu lächeln, aber alles in ihrem Gesicht guckte verstört und fassungslos, und das völlig zu Recht.

Ich weiß ja selbst, dass es peinlich ist, sein Kind so abzufeiern, aber ich kann doch auch nichts dafür, dass Kinder in dem Alter noch nichts können. Ich würde auch lieber sagen »Guck mal, er zählt Primzahlen auf, während er Risotto kocht und mit den Füßen Postkarten an die Omas schreibt!« anstatt »Guck mal, er ist den ganzen Flur runtergegangen und nur einmal hingefallen«, aber ich nehme, was ich kriegen kann. Und weil ich dieses Kind als kleines Häufchen Mensch bekommen habe, das wirklich gar nichts konnte, ist für mich jede neu erlernte Kleinigkeit ein weltbewegender Augenblick! Als wir draußen unterwegs waren und er die ersten Male in die Hände klatschte, war ich beleidigt und fassungslos, dass der Verkehr einfach weiterlief und die Menschen, ohne zu gucken, an uns vorbeispazierten. Hatte ich doch atemlose Stille und danach eine ausgeflippte Polonaise der Passanten erwartet, ich meine, HALLO? MEIN KIND KANN KLATSCHEN!

Wie nervig dieses stolze Abgefeiere ist, merke ich immer erst, wenn ich das gleiche Phänomen bei Eltern beobachte, deren Kinder ich nicht kenne beziehungsweise nicht mag. Eben zum Beispiel las ich das Weblog einer mir völlig unbekannten Mutter, die beschrieb, warum sie morgens immer in Zeitdruck gerät. Getarnt als kokette Genervtheit, sagte jeder Satz nur mühsam verborgen: »Guckt mal, wie pfiffig mein Kind doch ist!« In diesen Momenten wird mir klar, dass Informationen über die Fähigkeiten der Kinder (damit meine ich ausdrücklich auch meins) für den Rest der Welt so relevant sind wie der durchschnittliche Augenabstand von Hauskatzen.

Die einzige Möglichkeit, unpeinlich stolz aufs Kind zu sein, ist immer noch, andere Leute vom Kind schwärmen zu lassen. Wenn mein Sohn sich beim Essen mit Freunden vorbildlich benimmt zum Beispiel und die Freunde beeindruckt feststellen, dass er aber toll erzogen ist, dann murmle ich zwar etwas wie »Zufall« und »Müsstet ihn sonst mal sehen«, aber innerlich hopse ich und brülle: »JAAAA, MEIN KIND HAT TOP MANIEREN.«

Wenn er in den Laden unseres Gemüsemannes läuft und

»Hallo, Alääääää!« ruft, um unter den bewundernden Augen von Alis Kumpels mit ihm Saz zu spielen, stehe ich wie gelähmt im Laden, bekomme einen debilen Gesichtsausdruck und fühle mich so, wie ich gucke: stolz und grinsig. MEIN SOHN IST FREUNDLICH UND WITZIG UND NIEDLICH UND SCHLAU UND DAS BESTETOLLSTESUPERSTE KIND DER WELT.

Wenn ich nicht aus eigener Erfahrung wüsste, dass es alle außer eben uns, seine Eltern, langweilt, könnte ich ewig weiterschreiben, wie großartig mein Sohn ist und was er alles kann. Irgendwann würde ich ihn sogar bitten, bestimmte Dinge zu sagen oder sein lustiges böses Gesicht vorzumachen, obwohl ich mir eigentlich geschworen hatte, mein Kind nie im Leben so vorzuführen wie diese anderen peinlichen Mütter und Väter. Aber damals hatte ich noch kein Kind und wusste deshalb noch nicht: Stolz ist neben Liebe die Währung, mit der Kinder ihre Eltern bezahlen. Und wo wir nicht mal einen Mindestlohn, geschweige denn geregelte Arbeitszeiten haben, wäre ich doch schön blöd, wenn ich nicht das Beste für mich rausholen würde.

SO VERSUCHE ICH, WÜRDEVOLL STOLZ ZU SEIN:
- Ich höre auf zu schwärmen, wenn mein Gegenüber Blickkontakt vermeidet und nur noch höflich nickt.
- Ich bitte Freunde, mir gleich zu sagen, wenn ich anfange zu nerven.
- Ich hinterfrage regelmäßig mein Verhalten und versuche zumindest manchmal, mich davon abzuhalten, das Kind Kunststücke vormachen zu lassen.
- Ich versuche, mich mit meinen stolzen Schwärmereien an Eltern zu richten, die können das besser nachvollziehen.

Gute Nacht? Träum weiter!
Die Folter des Schlafentzuges.

Hätte ich bei einer Fee einen Wunsch frei, würde ich mich weder für den Weltfrieden noch für ein sattes Afrika entscheiden. Mein einziger Wunsch wäre, dass mein Kind von nun an immer durchschläft. Bis es auszieht. Das mag vielleicht egoistisch klingen, ist aber durchaus gut fürs Allgemeinwohl. Ausgeschlafen könnte ich nämlich meinen Beitrag für eine bessere Welt leisten, wohingegen ich es müde nicht einmal schaffe, meine kleine Dreierfamilie vor Hunger (einkaufen vergessen) oder Krieg (Mann twittert, statt das Kind zu wickeln) zu schützen.

Keine Frage, das Allerallerschlimmste am Muttersein ist für mich der Schlafmangel. Ich werde nach nur zwei unruhigen Nächten zum Zombie, ich denke nur noch Brei, und zwar sehr dummen Zeitlupenbrei, ich kann mir überhaupt nichts mehr merken, meine Augen brennen und sind heiser, weil sie immerfort »ZUMACHEN« schreien. Ab diesem Zeitpunkt ist jede folgende Nacht für mich keine Insel der Erholung, sondern ein Acht-Stunden-Aufenthalt in einem komplett verminten Krisengebiet, in dem ich nie weiß, wann die nächste Explosion folgt.

Dabei fing alles so gut an. Mein Sohn schlief schon mit ein paar Wochen durch, was ich taktvollerweise vor anderen Müttern, mit denen ich nicht gut befreundet war, nie erwähnte. Wir gewöhnten uns schnell daran, dass wir ihn abends in sein Bett legten, er einschlief und morgens wieder aufwachte (dass wir befürchteten, er würde genau dies nicht mehr tun, ist ein anderes Thema). Alles war gut.

Dann wurde er ständig krank. Ein Infekt jagte den nächsten, und harte, spitze Zähne pressten sich durch sein Zahnfleisch. Irgendwas war immer. Also saßen wir nachts mit Baby auf dem Schoß im Kinderzimmer und schaukelten, trösteten und kuschelten, bis das Kind wieder gesund war. Weil aber auch das gesundete Kind diegleiche VIP-Behandlung erwartete, wir aber nicht jede Nacht aufstehen wollten, hatten wir ein Problem. Zweimal lösten wir es mit einer abgeschwächten Form der »Jedes Kind kann schlafen lernen«-Methode.

Betretene Stille bei der Leserschaft? Wahrscheinlich. Dieses Buch ist schließlich ein echtes Reizthema! Die einen rufen »Misshandlung!« und die anderen »Bei uns hat es aber geklappt!«. Ich rufe allen zu: »Lasst euch doch einfach alle in Ruhe!« Diese Methode passt nicht zu jedem Kind und auch nicht zu allen Eltern, aber bei den Eltern, die sie konsequent und authentisch durchziehen können und das passende Kind dazu haben, kann es funktionieren. So wie bei uns: Ist der Sohn aufgewacht, bin ich in sein Zimmer gegangen, habe ihm gesagt, dass alles gut ist, ich ihn lieb habe und er allein wieder einschlafen soll. Dann bin ich wieder rausgegangen. Hat er nach fünf Minuten noch gebrüllt, bin ich wieder rein und habe das Gleiche noch mal gemacht. Und das so lange, immer alle fünf Minuten, bis er sich wohl irgendwas gedacht hat in der Art: »Wie langweilig ist DIE denn? Da schlaf ich lieber.« Wie gesagt, bei ihm hat es gut funktioniert, und auch wenn ich bei seinem Gebrüll meistens heulend im Nebenzimmer saß, dachte ich mir: Lieber zwei Nächte die Hölle als zwei Jahre. Und er hat tatsächlich beide Male nicht länger als zwei Nächte gebraucht, nie länger als eine Stunde gemeckert und danach durchgeschlafen. Während ich das hier aufschreibe, schäme ich mich dafür, aber ich weiß noch, wie gut es sich anfühlte, diesen »Kampf« gewonnen zu haben.

Inzwischen habe ich allerdings schon lange wieder verloren. Ich kann ihn nämlich nicht mehr weinen lassen. Wenn wir tagsüber Streit haben und er wütet, habe ich kein Problem damit, ihn beim Toben zu ignorieren oder auch mal in sein Zimmer zu setzen, damit er sich beruhigt, aber nachts muss er nur »Öh!« sagen, und schon stehe ich an seinem Bett. Ist sein Schnuller rausgefallen, komme ich und hebe ihn auf, obwohl im Bett noch zwei weitere liegen und er sogar einen im Mund (!) hat. Und wenn er richtig weint, kann ich es überhaupt nicht aushalten. Was ist mit mir passiert? Jeden Tag mehr Liebe, das ist passiert. Und Infekte. Und Eckzähne.

Jetzt machen wir es also nicht auf die harte Tour, sondern auf die langfristige, anstrengende. Wir teilen uns die Nächte auf, einer schläft immer gleich unten beim Kind, damit der andere die Nacht durchschlafen kann. Das ist nur halb gut für die Romantik. Deshalb schlafen wir manchmal doch beide oben, dafür aber sehr verhackstückelt, was wiederum nur halb gut für die Stimmung am nächsten Tag ist. Manchmal nehmen wir den Sohn auch mit in unser Bett, dann liegt er entweder auf meinem Gesicht oder spielt menschlicher Kreisel. Das ist gar nicht gut.

Wenn das Kind so schlecht schläft, trinke ich tagsüber zu viel Kaffee. Ab einer bestimmten Menge werde ich unkonzentriert, schwitzig und hibbelig. Beim letzten Pampers-Turnen stand mein Sohn still da, während ich neben ihm mit knallrotem Kopf und verschwitztem Sweatshirt auf und ab hüpfte und immer wieder »Kaf-fee, Kaf-fee, Kaf-fee« sang.

Wegen des vielen Kaffees kann ich natürlich nachts nicht schlafen. Schaffe ich es doch, denke ich noch »Sobald ich eingeschlafen bin, wacht er auf« – und sobald ich eingeschlafen bin, wacht er auf.

Das sorgt nicht nur in diesem speziellen Moment für schlechte Laune, sondern auch langfristig für eine nicht unerhebliche Anspannung. Und wenn ich eines nicht brauche, dann ist es noch mehr Anspannung. Schließlich knistert es nachts auch so zwischen mir und dem Mann schon ordentlich, und das nicht immer erotisch. Regelmäßig fangen wir mitten in der Nacht an, hitzig zu diskutieren, etwa darüber, was jetzt die richtige Maßnahme ist oder ob das Kind bei uns im Bett schlafen soll, und dann will ich unbedingt wissen, warum der Mann gestern wieder die volle Windel in den übervollen Eimer gestopft hat, statt einfach mal den Beutel runterzubringen, woraufhin er wissen will, wieso ich das ausgerechnet jetzt frage, weshalb ich entweder wütend werde oder in Tränen ausbreche. Meistens beides.

Die letzten paar Nächte hat mein Sohn durchgeschlafen, ganz ohne Schreien-Lassen, dafür mit viel Hochnehmen und Kuscheln. Geht also auch. Cool, jetzt bin ich Verfechterin beider Methoden. Den dogmatischen Diskussionen zufolge kommt jetzt also zu seinem psychischen Schaden, weil ich ihn habe schreien lassen, noch hinzu, dass er ein verzogenes Arschlochkind ist und sich später von niemandem etwas sagen lassen wird, weil ich ihn immer hochgenommen habe. Vielleicht wird er sogar durch die Kombination beider Methoden eklatante Schwierigkeiten haben, in seinem Leben wichtige Entscheidungen zu treffen. Aber ganz ehrlich: Ich glaube so wenig an ein Richtig und Falsch bei solchen Dingen wie an gute Feen, die mir den Wunsch erfüllen, dass der Sohn immer durchschläft. Ich weiß, dass die nächste Schlechtschlafphase kommen wird und ich wieder übermüdet mit Kopfschmerzen und brennenden Augen am Frühstückstisch sitzen und mich fühlen werde, als wäre die ganze Nacht ein Spielmannszug mit Kreischflöten um mein Bett gestampft. Und der Mann wird wieder dasitzen, als wäre nichts passiert. Ich frage mich wirklich, wie er das wegsteckt. Entweder nimmt er heimlich etwas, oder er braucht nicht mehr so viel Schlaf, weil er schon so alt ist. Hoffentlich sind es die Drogen. Dann brauche ich nicht sieben Jahre warten, bis es besser wird.

DAS HILFT MIR, WENN ICH ÜBERMÜDET BIN:

- Ich trinke während der Arbeit viel Kaffee, versuche aber ab mittags darauf zu verzichten.
- Ich verbringe nachmittags so wenig Zeit wie möglich allein mit dem Kind. Müdigkeit macht nämlich sehr ungeduldig (ungerechtfertigtes Anschreien vom Kind) und schusselig (Herd angelassen, Brotmesser auf dem Tisch vergessen).
- Ich teile mir die Nächte mit dem Mann auf. Es nervt, dass wir nicht in einem Bett schlafen können, aber wenn jede zweite Nacht der Schlaf garantiert ist, ist es besser auszuhalten.
- Ich heule mich bei einer Freundin aus. Die meisten haben so etwas auch gerade oder, noch besser, gerade hinter sich, das macht mir Mut, es könnte vielleicht doch bald vorbei sein.

Das sind 23 Prozent weni... Nicht hauen!...
Wo war ich?
Der Unmut, keinen Satz zu Ende führen zu können.

Erst war es die Schwangerendemenz. Meine Sätze hörten sehr weit vor dem Punkt auf, und meine Gedanken waren meistens nur ein wirres Gefasel von diffusen, unverständlichen Wortfetzen. In manchen Gesprächen mit dem Mann konnte ich mich schon bei seiner Antwort nicht mehr an meine Frage erinnern. Als das Kind dann auf der Welt war, ging meine Hirnverweichung weiter. Es hielt mich von Gedanken und Gesprächen ab, indem es zum Beispiel kotzte, wegrollte, haute, Euros aß, sich klemmte oder auch einfach nur verdächtig still war.

Seit seiner Geburt habe ich mehr Sätze abgebrochen als zu Ende geführt. Es gab Verabredungen mit anderen Müttern, nach denen ich mich, erst als ich wieder zu Hause war, gefragt habe, wie es ihnen wohl geht. Einmal hat mich eine Freundin mit ihrem Kind besucht. Wir sagten Hallo. Schon fing mein Kind an zu brüllen, dann ihres, und dann musste sie wieder los. Wir sagten noch Tschüss zueinander. Das war alles. An einem kompletten Nachmittag.

Menschen, die nicht viel Zeit mit kleinen Kindern verbringen, haben von der Mutterschaft sehr romantische Vorstellungen. Von Freunden höre ich häufig so etwas wie »Jaja, dein Leben möchte ich haben. Den ganzen Tag rumsitzen, über die Kinder reden und Kaffee trinken«. Wenn sie nur einen Tag mit mir tauschen würden, wüssten sie, dass wir Mütter eigentlich nie zusammensitzen, weil immer mindestens eine ihrem Kind hinterherrennt, dass wir keinen Kaffee trinken, sondern ihm sehnsüchtig beim Kaltwerden zugucken, und dass wir nicht ÜBER die Kinder reden, sondern fast ausschließlich MIT ihnen. Anspruchsvolle Gespräche, die länger dauern, sind unter diesen Umständen einfach zu lang und zu anspruchsvoll. Das ist frustrierend, weil ich mich nicht gern ausschließlich über Dinge unterhalte, die bequem in die Pause von Finger-in-die-Steckdose-Stecken und Keksmatsch-in-die-Parkettritzen-Schmieren passen. Von diesen ewigen Unterbrechungen ist inzwischen sogar mein Gehirn genervt. An manchen Tagen hasse ich diese Situationen wie die Pest und fühle mich gefangen in dieser Welt aus Dinkelstangen und Windelgrößen. Dann denke ich, dass Muttersein ein langweiliger, total hohler Job ist. Dass mein Gehirn nur noch da ist, damit es beim Sprechen im Kopf nicht so hallt. Und ich würde gern noch etwas Optimistisches zum Schluss schreiben, aber ich führe ja, wie gesagt, die meisten Sätze nicht zu Ende.

DAS MACHE ICH BEI UNTERBRECHUNGSUNMUT:

- Für Verabredungen gilt: Hat der/die andere kein Kind dabei und wir viel zu erzählen, kommt mein Sohn auch nicht mit.
- Durch die Sehnsucht nach einem ganzen Satz fällt es mir leichter, ihn auf dem Spielplatz mal aus den Augen zu verlieren, damit ich mich ein bisschen länger unterhalten kann.
- Er kriegt mein Handy. Das ist das einzige Gerät, mit dem er sich am Stück länger als drei Minuten beschäftigen kann.

Überglück und Liebesrausch!!!!!!

Die Euphorie bei Liebesbeweisen des Kindes.

Wenn ich mich auf Fotos mit meinem Kind sehe, bin ich manchmal richtig schockiert. Ich gucke so debil, dass ich mich um meinen Geisteszustand sorgen würde, wüsste ich nicht, dass so Mutterliebeseuphorie aussieht. Sie taucht meist sehr plötzlich auf, zum Beispiel, wenn das Kind (zum ersten Mal) lächelt. Dann geht für eine Mutter die Sonne auf, aber nicht die normale Sonne, sondern die mit dem glitzernden Partyhut, die sich zur Musik des singenden Regenbogens breit grinsend im Kreis dreht. Ja, diese Euphorie ist durchaus mit einem Drogenrausch zu vergleichen, und rein biochemisch ist sie das sogar. Aber jetzt mal ehrlich: Wer will das von den Hormonen und Neurotransmittern schon wissen? Ich habe zumindest nicht gedacht »Soso, jetzt schießen die Endorphine durch meinen Körper, deshalb verzieht sich mein Gesicht zu einem Lächeln«, als mein Sohn mich das erste Mal zahnlos und verliebt angestrahlt hat. In meinem Kopf ist nämlich gar nichts passiert, mal abgesehen von der Sonne und dem Regenbogen und vielleicht noch ein paar Eichhörnchen, die den Regenbogen hinunterrutschen und dabei Knistererdbeerbonbons an putzige Glitzerpilze verteilen.

Bis jetzt hört sich das vielleicht lustig an, aber eigentlich ist Mutterliebeseuphorie so übertrieben und kitschig, dass ich es fast unmöglich finde, normale Worte für sie zu finden. Selbst mein Mann, der diesen debilen Gesichtsausdruck auch gern mal hat, findet meine Beschreibung zu dick aufgetragen. Aber für mich ist es, wie es ist: Wenn so ein kleiner Mensch seine Zuneigung zeigt, ist das nun mal die reine, pure Liebe. Ich weiß noch genau, wie mein Sohn das erste Mal auf mich zugewackelt kam, mich umarmte, mich anguckte und küsste und mich dann wieder ganz fest in den Arm nahm. Ich saß auf dem Wohnzimmerteppich und habe vor Glück still geweint. Und auch jetzt noch füllt er mir mit jedem Liebesbeweis und jeder feuchten Kussattacke meinen ganzen Körper mit Glück auf. Dem schönsten Glück, das ich mir nur vorstellen kann, weil seine Liebe so bedingungs- und berechnungslos ist. Wenn wir uns in diesen Glücksmomenten umarmen, passen wir so perfekt ineinander, dass wir wieder eine Einheit werden. Ich bin beseelt und aufgekratzt und dankbar und stolz und gerührt und kann es nicht anders beschreiben als mit diesem wirren und kitschigen Text. Ich erwarte nicht, dass jede(r) das versteht. Aber ich freue mich jetzt schon auf das nächste Mal, wenn mir mein Sohn mit seiner Emotionskeule auf die Zwölf haut.

WAS MACHE ICH BEI MUTTERLIEBESEUPHORIE:

- Ich ignoriere Kommentare über meinen debilen Gesichtsausdruck oder über den Kitsch in meinen Beschreibungen.
- Trotz aller Unmöglichkeit versuche ich jedes Mal, das Glücksgefühl zu konservieren. Ich schreibe auf, wie ich mich gefühlt habe, mache schnell ein Foto oder irgendetwas, auf das ich zurückgreifen kann, wenn das Stimmungsbarometer so gar nicht auf Glück steht.

DIE FAMILIE

Eigentlich passt es jetzt nicht so gut …
Der Hass auf Verwandtschaft ohne Feingefühl.

Mein Selbstbewusstsein könnte größer sein. Und als mein Kind zur Welt kam, war ich so unsicher wie noch nie zuvor. Ich hatte Angst, das kleine Häufchen kaputt zu machen (was mir noch passieren sollte), und ich redete mir ein, eine schlechte Mutter zu sein, weil ich nie wusste, was mein Kind wirklich wollte. Außerdem hatte ich Angst, dass mein eigenes Leben vorbei ist und dass ich nie wieder Zeit mit dem Mann haben würde. Ich hatte keine Ahnung, wie ich mich als Mutter verhalten und fühlen sollte. In diesem Gefühlschaos Besuch zu empfangen, erschien mir ähnlich attraktiv wie die Teilnahme an einem Zirkus-Workshop.

Ich brauchte erst mal Zeit, um meine eigene Familie kennenzulernen. Deshalb habe ich schon vor der Geburt mit dem Mann abgemacht, dass die Verwandtschaft gleich ins Krankenhaus kommen soll und im Anschluss gebeten wird, mit Besuchen zu warten, bis wir sie dazu einladen. So haben wir es dann auch gemacht, und alle haben sich an die Verabredung gehalten, waren sehr rücksichts- und verständnisvoll, abgesehen vom Totalausfall meiner Schwiegermutter, die tatsächlich nach der Schilderung der Geburt mitleidig zu meinem Mann (!!) sagte: »O Gott, mein Kleiner, das muss ja furchtbar für dich gewesen sein.« Im selben Moment lief mein Blasenkatheter aus, vielleicht, weil die Schwester ihn nicht richtig zugemacht hatte, vielleicht auch aus Wut. Aber meine Schwiegermutter ist auch schon ziemlich alt und verschont uns, genau wie meine Mutter, mit schlauen Tipps und anderen Interventionen. Bevor meine Mutter unserem Sohn etwas schenkt, fragt sie mich sogar um Erlaubnis und hat dafür ein Dankeschön verdient.

Das geht nämlich auch anders, ich kenne Fälle von Großmüttern, für die sind die Mütter nur die Frauen, die ihnen ihre Enkel wegnehmen wollen. Man muss sich wirklich wundern, was ein Kind im Familienkreis aus Menschen machen kann. Ob in Internetforen oder im weiteren Bekanntenkreis, da ist der eine Verwandte schlimmer als der andere: Es gibt die Tante, die sich nicht mehr für ihre Nichten und Neffen interessiert, sobald sie älter als fünf sind. Und Großeltern, die über den Kopf der Eltern hinweg bestimmen wollen, auf welche Schule ihre Enkel kommen. Und eine Oma, die die Mutter vom Kinderwagen wegschubst, damit sie selbst ihn schieben kann. Ganz oben auf der Liste der schlimmsten Verwandten steht jedoch die Frau, die ihrer Schwiegertochter während einer Stippvisite vorgeworfen hat, sie würde eines ihrer Kinder bevorzugen und sollte deshalb doch bitte professionelle Hilfe suchen. Dafür hat sie verdient, dass ihr eine zweite Nase wächst, und zwar eine sehr große mit einer dicken Warze und vielen Haaren drauf.

In den meisten Fällen geht es bei diesem Konflikt darum, dass entweder die Verwandtschaft die Mutter nicht als Chefin beim Projekt Kind akzeptiert oder die Mutter sich durch schlechte Kommunikation oder Unsicherheit nicht akzeptiert fühlt. Bei mir war es in der ersten Zeit, glaube ich, Letzteres. Ich hatte schnell das Gefühl, nicht ernst genommen, sondern eher belächelt zu werden, weshalb ich mich in der ersten Zeit mit meinem Sohn ziemlich isoliert habe. Auch wenn ich das im Nachhinein ein bisschen schade finde, habe ich diese Zeit gebraucht, um selbstsicherer zu werden. Inzwischen bin ich um einiges entspannter und freue mich auf die Familientreffen, wenn alle ganz heiß darauf sind, mit meinem Sohn zu spielen. Dann trinke ich in Ruhe einen Kaffee und beobachte, dass sich tatsächlich alles von allein regelt. Denn die Menschen, bei denen ich noch immer das Gefühl habe, sie nehmen mich nicht ernst, sind auch die, die keinen richtigen Draht zu meinem Kind haben. Und auch wenn das überhaupt nicht zu der erwachsenen Mutter passt, als die ich gesehen werden will, gibt es dafür ein unreifes und ein bisschen gehässiges Ätschibätsch!

SO GEHE ICH MIT VERWANDTEN UM:

- Als mein Kind frisch geboren war, habe ich bestimmt, wer zu Besuch kommen durfte und wer nicht. Die komplette Kommunikation mit der Verwandtschaft hat mein Mann übernommen.
- Ich lasse mich nicht unter Druck setzen. Wenn ich ein schlechtes Gefühl bei einer Familienveranstaltung habe, gehe ich nicht hin, und der Mann geht mit dem Kind allein.
- Auch wenn ich mich manchmal entziehe, entziehe ich mein Kind der Verwandtschaft nicht. Der Mann kann ihn immer mitnehmen, das Kind soll alle kennenlernen und sich sein eigenes Urteil bilden.

Wollen wir nicht doch noch ein Kind?

Der Übermut, wenn's mal wie am Schnürchen läuft.

Letzte Woche war ich mit einem Freund essen. Am Nebentisch saß eine Familie mit einem sehr neugeborenen Kind. Das Kind war ein kleines Häufchen im Tragetuch, zwischendurch gab es einen kleinen Laut von sich oder hat sich ein bisschen bewegt. Normalerweise denke ich bei solch kleinen Babys immer »O Gott! Bloß nicht noch einmal! So klein, so ein Pflegefall, so langweilig, so wenig Schlaf!«, und so weiter. Aber letzte Woche dachte ich zum ersten Mal »Oooohhhh, wie niedlich. Wie kuschlig. Ich will auch«. Abends berichtete ich dem Mann davon:

»Ich habe heute ein Neugeborenes gesehen und mich nicht gegruselt.«

»Kannst du mir mal die Fernbedienung geben?«

»War das deine Antwort?«

»Ich will dich vor dir selber schützen.«

Eigentlich ist für uns klar, dass wir gerade kein zweites Kind wollen. Aber manchmal, wenn mein Sohn eine Phase hat, in der er gut schläft und entspannt ist und witzig und die Tage mit ihm sind, als hätte ein Perfekter-Tag-Designer sie für uns zusammengestellt, wenn wir viel lachen und kuscheln, er zwischendurch einfach in sein Zimmer geht und auch mal ein bisschen allein spielt, dann stelle ich mir vor, wie eine kleine Schwester mit uns durch die Wohnung turnt. Sie würde doch gar nicht stören, die kleine Luzie mit ihren süßen Speckärmchen. Unser Sohn wäre bestimmt ein stolzer großer Bruder und würde sich immer gut kümmern; er ist schließlich jetzt schon so niedlich mit Babys, dass ich ständig aufgefordert werde, »langsam mal nachzulegen«. Und obwohl ich normalerweise sofort protestiere, beginne ich zu träumen: Die kleine Luzie hätte nicht nur süße Speckärmchen, sondern auch wippende rote Locken und wäre immer ein bisschen schlecht gelaunt, aber gerade so, dass es noch niedlich ist. Sie würde sich von niemandem die Butter vom Brot nehmen lassen, auch Jungs hätten vor ihr Angst, und sie würde Prinzessin Lilifee immer mindestens einen Schnurrbart und manchmal als Flugantrieb einen Pupswind malen. Sie wäre furchtbar selbstständig und so witzig wie ihr Bruder, beim gemeinsamen Abendbrot (hey, ich hab doch gesagt, ich träume, da kann der Mann auch mal pünktlich von der Arbeit zu Hause sein) hätten wir immer viel Spaß und der fröhliche Trubel würde immer ein bisschen nach Bullerbü schmecken. Also alles wie jetzt, nur noch ein bisschen schöner. Wir würden zu viert in den Urlaub fahren, und der Große würde immer toll auf die Kleine aufpassen, und die beiden würden so prima miteinander spielen, dass der Mann und ich viel rumliegen und lesen könnten. Und ich würde zwei Kinder und meinen Job und meine Bedürfnisse ganz einfach unter einen Hut bringen, das zweite Kind wäre überhaupt kein Problem und liefe einfach nebenher.

Meinen bisherigen Kinderwunsch-Höhepunkt hatte ich, abgesehen vom Babyhäufchen im Asia-Restaurant, als der Sohn gerade unfassbar super war und wir zusammen im KIKA ein kurzes Filmchen gesehen haben, bei dem Geschwisterkinder sich gegenseitig vorstellten. Dabei hat jedes einzelne Pärchen einen so fantastischen Komplizen-Eindruck gemacht, dass ich mir heimlich eine Träne der Rührung aus dem Auge wischte. Außerdem war ich vor ein paar Wochen, als ich eine Freundin und ihre zwei Töchter besuchte, fast grün vor Neid, weil die Große so selbstverständlich und niedlich das Spielzeug ihrer kleinen Schwester verteidigt hat. Was war ich nur für eine egoistische Kuh, dass ich meinem Kind diese Erfahrung vorenthalten will.

Und auch wenn ich beim Geschwisterträumen weiter in die Zukunft blicke, wäre es so schön, wenn wir Luzie hätten. Unsere pubertierenden Kinder würden gegenseitig aufeinander aufpassen und sich vor Dummheiten bewahren, wenn wir gerade keinen Zugang zu ihnen hätten. Sie wären so eng wie meine Freundin mit ihrer Schwester, bei denen es sich um einen Gendefekt handelt, dass sie NICHT zusammengewachsen sind. Die kleine Luzie würde für die Freunde ihres großen Bruders schwärmen, und er würde irgendwann später ihre Freundinnen angraben. Aber nie hätten sie deshalb Streit, den hätten sie nämlich abgesehen von den typischen kleinen Zickereien nie im Leben. Sie würden sich gegen uns verbünden und zusammen so tolle Streiche aushecken, dass wir statt zu schimpfen über unsere witzigen, kreativen Kinder lachen müssten. Sie würden eine Band gründen und in unserem Wohnzimmer ihr erstes Konzert spielen. Sie würden sich bei den Hausaufgaben helfen, während wir mit einem Kaffee auf dem Balkon stünden und ihnen heimlich dabei zusähen, berauscht vor Liebe und Stolz auf unsere beiden Kinder. Und wenn ich nicht sofort mit dieser Geschwisterträumerei aufhöre, dann melde ich Luzie Drust gleich als vermisst.

GEGEN DEN ÜBERMUT HILFT:
- Eine Grippe. Wenn das Kind krank wird und jammert und schlecht schläft, bin ich sofort kuriert.
- Trotz. Wut. Krawall. Sobald das Kind eine schlechte Phase hat, löst sich der Wunsch in Dankbarkeit auf.
- Freunde mit Aussagen wie: »Wenn du ein zweites Kind

hast, kannst du deine eigenen Bedürfnisse komplett knicken.«

- Ein sehr langfristig gedachtes Verhütungsmittel und ein
  Datum in ferner Zukunft, ab dem wieder über Nachwuchs
  nachgedacht wird.

Wird er dann automatisch ein egozentrisches Arschloch?

Die Befürchtungen, wenn das Kind Einzelkind bleiben soll.

Unter diesen Bedingungen will ich kein zweites Kind. Der
Mann arbeitet viel zu viel, als dass wir uns beide gleich viel
ums Kind kümmern könnten. Ich werde unglücklich, wenn
ich nichts anderes mache als Mutter sein, kann aber ande-
rerseits schlecht los- und deshalb nicht zulassen, dass das
Kind im ersten Jahr von jemand anderem als dem Mann
oder mir betreut wird.

Als der Mann sich in einem Anflug von Wahnsinn ein weiteres Kind wünschte, erteilte ich ihm deshalb folgende Ab-
sage: »Noch eins? Nur, wenn wir beide uns Erziehen und
Arbeiten gleichberechtigt teilen können. Geht nicht? Dann
kriegen wir auch kein weiteres Kind.« Kurz darauf wurde
die Spirale eingelegt und das Thema Nachwuchs für mindestens zwei Jahre vertagt.

Abgesehen von ein paar Einschlägen von Übermut ver-
spüre ich weder körperlich noch psychisch das Verlangen,
wieder schwanger zu werden. Ich kann darauf verzichten,
wieder zwanzig Kilo zuzunehmen, noch eine Geburt zu
durchleben, um danach nicht nur für ein Rumpelstilzchen

in der Trotzphase, sondern auch noch für einen Pflegefall zu sorgen. Und all das mit einem Mann, der Karriere macht, während sich mein eigenes Leben in Wohlgefallen auflöst.

Nee, nee, gerade hat sich bei uns alles so schön eingependelt und entspannt. Ich habe kein Verlangen danach, jetzt wieder Unruhe in unsere Familie zu bringen. Tatsächlich schaffe ich es endlich, im Beisein meines Kindes einen halben Artikel in der Zeitung zu lesen oder eine Mahlzeit zu kochen, ohne dass er jedes Mal kreischend auf den Arm will oder meine Jogginghose bis zu den Knien runterzieht. Wir kommen prima miteinander aus, er versteht so gut wie alles, und ich muss schlechte Phasen und Wutanfällen nicht mehr nur aushalten, sondern kann auf meine Weise erzieherisch damit umgehen. Ich arbeite halbe Tage und verbringe den restlichen Tag mit meinem Sohn. Und inzwischen können wir richtig spielen: Wir malen, wir bauen eine Höhle und machen darin ein Picknick, wir singen und toben und tanzen, und das alles macht mir einen Riesenspaß.

Ein zweites Kind käme mir jetzt vor wie ein Eindringling, der mir Zeit mit meinem Sohn klaut. Außerdem kann ich mir nicht vorstellen, es genauso verrückt lieben zu können wie ihn. Alle Mütter von mehreren Kindern sagen, dass das von allein kommt, und wahrscheinlich stimmt das auch. Schließlich konnte ich mir vor meinem Sohn genauso wenig vorstellen, wie es mit einem Kind werden würde, aber die Summe meiner Gedanken zeigt: Ich bin deutlich noch nicht bereit und weiß nicht, ob ich es jemals so konstant sein werde, dass wir uns tatsächlich für weiteren Nachwuchs entscheiden.

Viele meiner Freundinnen bekamen oder bekommen ein zweites Kind oder denken zumindest darüber nach, weil sie den Gedanken traurig finden, dass ihr erstes Kind später, wenn »man selbst mal nicht mehr ist«, allein bleibt. Den Gedanken kann ich nachvollziehen, aber ist Blut automatisch dicker als Wasser? Meine zwei besten Freunde zum Beispiel sind für mich wie Geschwister. Wir sehen uns andauernd, wir wissen am Telefon mit dem ersten »Hallo«, wie es dem anderen geht, wir trösten uns, wir treten uns in die Ärsche, wenn es sein muss, und wir mögen dieselben Filme, Bands und Witze. Wir lieben uns, wir streiten uns, wir vertragen uns, und wir würden uns nie im Leben hängen lassen.

Deshalb frage ich mich: Ist es nicht auch eine gute Alternative, dass der Sohn sich selbst seine Freunde aussuchen kann, die bei uns immer willkommen sind, aber eben auch wieder zu ihren eigenen Eltern geschickt werden können, zwischendurch sogar gemeinsam mit unserem Kind? So hätten beide Elternpaare mal ein freies Wochenende. Wenn meine Freundin und ich uns ausmalen, wie wir ihren Sohn mit in den Urlaub nehmen oder unser mal ein Wochenende bei ihr bleibt, klatschen wir auf jeden Fall vor Verzückung in die Hände. Das sieht wahrscheinlich anders aus, wenn sich mein Sohn als besten Bruderfreund nicht das Kind der großartigen, witzigen Freundin aussucht, sondern ein Arschlochkind mit Riesenarschlocheltern.

Wo wir gerade bei Arschlöchern sind: Wird nicht mein Kind auch sowieso eins, wenn er allein bleibt? Das ist zumindest die Meinung von vielen Mehrfachmüttern. Beginnen Einzelkinder einen Satz mit »Ich« oder hauen sie, weil ihnen ihr Spielzeug aus der Hand gerissen wird, heißt es schließlich gleich »Jaja, typisch Einzelkind, egoistisch, aggressiv – und abgeben können sie auch nicht«.

Als Einzelkindmutter befinde ich mich in der Hitliste der Supermütter ziemlich weit unten, aber das kenne ich ja schon von der Geburt. Mein Not-Kaiserschnitt rettet mich zwar vor dem letzten Platz der Wunschkaiserschnitte, aber vor mir liegen noch die PDA-Geburt, und auf Platz eins steht die natürliche Geburt ohne alles. Ein Einzelkind ist also in Kreisen dogmatischer Mehrfachmütter etwa so beliebt wie ein Wunschkaiserschnitt. Aber zum Glück ist mir fast egal, was andere darüber denken, und ich würde mich eher dafür rechtfertigen, dass ich mit meinem Sohn zu Burger King gehe, als dafür, dass er wahrscheinlich Einzelkind bleiben wird.

Mir gefällt es so, wie es ist. Ich mag es, zu arbeiten, und ich mag es, nach der Arbeit exklusive Zeit für mein Kind zu haben. Und ehrlich gesagt, wenn es mit meinem Sohn anstrengend wird, merke ich, dass ich ganz schön schnell ungeduldig werde. Dann frage ich mich, ob ich für mehr Kinder überhaupt geeignet bin. Ich würde wahrscheinlich die meiste Zeit so aussehen wie viele andere Mütter mehrerer Kinder. Sie haben Augenringe, sind gestresst, geben eine Anweisung nach der anderen, sind immer bemüht, die Ruhe zu bewahren, und wünschen sich Krakenarme, damit sie alle Kinder wahlweise entweder versorgen, umarmen oder erwürgen können. Ich habe unheimlich viel Respekt vor den Frauen, die sich jeden Tag allein diesen Herausforderungen stellen, während die meisten ihrer Männer Vollzeit arbeiten. Aber solange mein Mann viel arbeitet und ich den größten Teil der Kindererziehung übernehme, bin ich lieber entspannt mit nur einem unterwegs, um überrascht festzustellen, dass dieses laute, fröhliche Pfeifen von mir kommt.

Und die Tatsache, dass mein Sohn ein Einzelkind ist, heißt für mich nicht automatisch, dass er ein beziehungsgestörter, egozentrischer Soziopath wird. Denn nur weil er allein ist, bedeutet das ja nicht, dass wir ihm zum dritten Geburtstag einen Fernseher ins Zimmer stellen und er unsere Haare anzünden darf. Ich verbringe die Zeit mit ihm auch nicht immer allein, weil ich überhaupt kein Interesse daran habe, dass er so ein Klugscheißerkind wird, das mit fünf sagt, »Also, am liebsten bin ich mit Erwachsenen zusammen«. Und zu guter Letzt ist er ja bei den Tageseltern jeden Tag mit anderen Kindern zusammen und macht dort alles, was man mit Geschwistern eben so macht, zum Beispiel hauen, einstecken und zusammenhalten. Oder auch teilen. Mein Sohn soll nämlich früh lernen, dass er als Einzelkind nicht alles bekommt, was er haben will. Geschwister zum Beispiel.

DAS FRAGE ICH MICH, WENN ICH ÜBER KINDER-
PLANUNG NACHDENKE:

- Bin ich persönlich dafür geeignet? Habe ich die nötige Geduld und Opferbereitschaft, noch einmal Schwangerschaft und Säuglingszeit durchzumachen?
- Will ich wirklich ein Kind, eines, das größer wird, oder will ich nur etwas zum Kuscheln, weil mein erstes Kind schon so groß geworden ist?
- Habe ich die nötige Infrastruktur, um weiter arbeiten zu können? Familie, Freunde, Kinderbetreuung?
- Will ich es immer noch, wenn ich mir den schlimmsten Fall (zum Beispiel Schreikind oder großer Bruder hasst kleines Geschwisterkind) vorstelle?

Alle lachen, und es riecht nach Kuchen.

Das Glück, das tiefe Glück über die Familie.

Als kleines Mädchen wollte ich erst Popsängerin werden und mich dann mit spätestens zwanzig zur Ruhe setzen, um Mann und Kinder zu haben. Hätte mir damals jemand gesagt, ich würde mit dreißig weder berühmt noch verheiratete Mutter sein, hätte ich mit ziemlicher Sicherheit vor Wut mein Barbiehaus angezündet. Vielleicht war es diese kindliche Vorstellung, die bei mir mit Anfang dreißig den Turbo eingestellt hat, wahrscheinlich lag es aber einfach an meinem Mann. Auf jeden Fall habe ich in einem Tempo kennengelernt, geheiratet und ein Kind geboren, in dem sich andere noch nicht mal für ein Fahrrad entscheiden können. Plötzlich war ich Ehefrau (und hatte auch noch selbst den Antrag gemacht) und dachte jedes Mal »Huch, Erwachsenenwohnung!«, wenn ich unsere Immobilie (Eigentum!) betrat, und wenig später »Huch, das ist ja meins!«, wenn ich das Kind auf dem Teppich liegen sah. Das größte Huch hatte ich etwas später, als ich in einem großen Suppentopf rührte, während ich hören konnte, wie Mann und Kind laut und fröhlich spielten. Denn dieser Moment hat mich so berührt, dass mir die Glückstränen in die Augen schossen. Was für ein Schock: Ich als emanzipierte Frau konnte doch unmöglich diese schlimme Klischee-Situation als schön empfinden. Aber es ist so. Ich bin glücklich, wenn ich meine Familie lachen höre und wenn ich eine gesunde Mahlzeit für sie zubereiten kann, die ihnen schmeckt und sie satt macht. Zum Essen sitzen wir alle zusammen am Tisch und haben Spaß und denken uns beknackte Spiele aus, die dem Kind so viel Spaß machen, dass der Mann und ich uns verliebt angucken und unser Glück nicht fassen können. Genauso fantastisch ist, wenn wir drei uns morgens noch mal ins Bett legen. Dann drängelt sich unser Sohn zwischen uns, dreht in unseren Haaren, und wir liegen ganz nah beieinander einfach rum. Irgendwann fangen wir an, wie verrückt zu toben, kitzeln uns durch und schmeißen mit Kissen oder mit dem Kind.

»Cut!«, ruft der Regisseur, der diese schmalzige Familienserie dreht. In der Pause ist alles wieder normal: Der Mann ist nicht da, weil er irgendeine wichtige Präsentation hat, ich bin stinksauer, weil wieder alles an mir hängen bleibt, und das Kind wirft sich wütend auf den Boden, weil es mein Handy nicht haben darf.

Aber noch bevor ich den Mann anrufen und mich beschweren kann, geht es weiter. »Action!«, heißt es, und sofort tanzen wir drei in unserem Wohnzimmer völlig spackig zu Friska Viljor, und der Sohn dreht sich so lange im Kreis, bis er einen Drehwurm hat und lachend umfällt. Danach ziehen wir uns alle kichernd unsere Jacken an und gehen raus. Auf der Straße streckt der Sohn uns beiden seine Hände entgegen. Hand in Hand in Hand gehen wir lächelnd die Straße entlang und können uns nicht vorstellen, dass es ein schöneres Leben als das unsere geben kann.

Ich habe wahrscheinlich öfter einen Igel gesehen als diese Familienglücksmomente erlebt, die zwar genau so passiert sind, sich jedoch lesen wie aus dem Drehbuch einer sehr seifigen Serie. Aber egal, wie oft oder selten ich diese Momente erlebe, mir wird dadurch immer wieder klar, dass ich nichts anderes brauche als meine beiden Männer. Ich weiß wieder, was für ein großes Geschenk es ist, dass wir einen so tollen, süßen, hübschen, witzigen und schlauen Sohn haben. Dass wir ihm so tolle Eltern sein können, weil wir uns lieben und so viel Spaß zusammen haben. Dass wir ihm eine glückliche, unbeschwerte Kindheit geben können mit Weihnachten und Kuchenbacken und Singen und Basteln und Kuscheln und Kaputtlachen und Zusammenhalten. Und auch, wenn ich es manchmal vor lauter Alltag und Chaos und Generve vergesse, bin ich so unendlich dankbar für mein Familienglück, dass ich das an dieser Stelle einfach mal so stehen lassen will.

WAS ICH MACHE, WENN MIR DIESES GLÜCK SEHR FERN SCHEINT:

- Ich lese diesen Text, kann mir erst nicht vorstellen, dass es wirklich mal so war, erinnere mich dann wieder, halte die schlechte Phase besser aus und freue mich schon auf den nächsten Glücksmoment.

DER REST DER WELT

....? ....!
Die Ohnmacht bei Klugscheißattacken anderer (fremder)
Menschen.

Gleich nachdem mein Bauch »nicht mehr als fett durch-
ging« (Originalzitat eines Bekannten), passierte es: Familie,
Freunde und vor allem Fremde wussten alles über Schwangerschaft und Babys, und das grundsätzlich besser. Als
mein Sohn dann auf der Welt war, haben alle noch mal eine
Schippe draufgelegt. Selbst Fremde wussten ganz sicher,
wenn er brüllte, weil er nicht einschlafen konnte: »Klarer
Fall! Sie hat Hunger.«

Mich macht so viel Selbstbewusstsein bei so wenig Ahnung jedes Mal aufs Neue sprachlos. Die unerwünschten,
unqualifizierten Kommentare werden stets als unanzwei-
felbare Tatsachen geäußert. Statt eines höflichen »Könnte
es sein, dass Ihr Kind müde ist?« setzt es ein allgemeingül-
tiges »Es ist müde!« in Kombination mit einem allwissen-
den, bedeutungsschwangeren Blick. Diesen Blick, allerdings
strafender Natur, gibt es übrigens auch, wenn das Kind in
der Öffentlichkeit einen Wutanfall hat. In diesen Situationen die Ruhe zu bewahren, finde ich fast unmöglich. Natürlich will ich meinem Kind zeigen, dass ich diesen Anfall ruhig, aber konsequent überstehe. Ich bin aber nicht ruhig. Ich

schwitze. Ich weiß nicht, was jetzt richtig ist. Ich spüre tausend Blicke auf uns gerichtet. Eltern, deren Kinder so was NIE gemacht haben, schütteln fassungslos die Köpfe, und alle scheinen mich gerade zur unfähigsten Mutter Europas zu küren. Von jeder Seite ertönen Kommentare. Sie reichen von »Bloß nicht verwöhnen!« bis zu »Gerade jetzt sagen, dass Sie es lieben!«.

Jetzt etwas Schlagfertiges, denke ich mir jedes Mal, etwas, das diesen Klugscheißern so nachhaltig das Maul stopft, dass sie nie wieder eine Mutter mit so einem Mist nerven. Aber mir fällt nichts ein, und die meisten Situationen enden so: Ich sage gar nichts, klemme mir mein tobendes Rumpelstilzchen unter den Arm und entferne mich lächelnd (!) und so unauffällig wie möglich vom Tatort. Und mit jedem Meter, den ich die Klugscheißer hinter mir lasse, werde ich wütender. Hallo?

Jede Mutter hat in dieser Situation mindestens zehn Menschen hinter sich verdient, die ihr den Schweiß von der Stirn tupfen, einen stärkenden Snack reichen und sie dann lautstark so lange anfeuern, bis sogar das eigene Kind mit einstimmt. Es gibt nur ein aufmunterndes Lächeln? Würde ich auch nehmen.

DAS MACHE ICH BEI KLUGSCHEISSERN UND
ÖFFENTLICHEN WUTANFÄLLEN:

- Vorab: Wenn ich selbst auf einen öffentlichen Wutanfall stoße, gucke ich nicht das Kind, sondern die Mutter an, lächle und sage, wenn es passt, etwas Aufmunterndes.
- Ich verschwende keine Gedanken an den Versuch, ruhig zu bleiben. Das schaffe ich eh nicht.
- Wenn ich schlecht drauf bin, suche ich Blickkontakt mit umstehenden Menschen. Meist ist tatsächlich einer dabei, der aufmunternd lächelt. Das tut gut und entspannt.

- Bin ich gut drauf, versuche ich mich an schlagfertigen Antworten, die ich mir vorher zurechtgelegt habe:

DAS KIND SCHREIT. MIT WICHTIGEM GESICHTSAUS-
DRUCK WIRD ERKLÄRT: »ES HAT HUNGER/DURST/
ZÄHNE/...«
- Schön wär's, dann könnte ich ja etwas ändern. Aber es weint wegen Ihrer Frisur.
- Danke für den Hinweis. Ich habe es gerade erst entführt und kenne es noch nicht so gut.
- (Mit Computerstimme:) Die Antwort war leider falsch. Versuchen Sie es noch einmal.
- Entschuldigung? Ich hatte gar nicht gehört, dass ich Ihnen eine Frage gestellt hatte.
- Hat er Ihnen das gesagt? Dabei soll er doch nicht mit Fremden reden.

DAS KIND HAT EINEN WUTANFALL. MIT TADELNDEM
BLICK WIRD DIE MUTTER ABGESTRAFT.
- Gefällt es Ihnen? Für 80 Euro können Sie es einmal kräftig schütteln.
- Wenn Sie noch länger gucken, muss ich mir das leider bezahlen lassen.
- Haben Sie ein unnatürliches Interesse an kleinen Kindern?
- Wenn Sie sich gern aufregen, kann ich Ihnen auch sagen, dass Sie scheiße aussehen.
- Frau Saalfrank? Sie sehen im Fernsehen ganz anders aus.

Mach ich. Hab ich. Kauf ich.

Der Kaufrausch und der Mitmachwahn.

Was in der Alkoholwerbung tanzende Menschen sind, sind in der Werbung für Schwangeren-Produkte bemalte Bäuche. In fast jeder Anzeige malt entweder die Schwangere selbst oder ein kleines, niedliches Mädchen (zirka acht Jahre, blonde, lange Haare, Typ große verantwortungsvolle Schwester) mit Creme oder hautfreundlicher Fingerfarbe einen Smiley auf den Bauch. Was soll das? Stimmt etwas mit mir nicht, dass ich weder einen mit Ying & Yang bemalten Gipsabdruck von meinem Bauch übers Sofa hängen wollte noch meinen Bauch selbst mit Herzen, kleinen Blümchen oder Tierchen bemalt habe?

Mein Bedürfnis danach, mich zum Horst zu machen, war schon dadurch gestillt, dass ich aussah wie ein aufgepusteter Frosch und mir ganz sicher war, dass Tomte ihr Lied »Der letzte große Wal« für mich geschrieben haben. Ich wollte nicht angemalt werden, auch nicht auf der Babymesse, die ich mit einer Freundin besuchte (was ich nur noch mal machen würde, wenn mir jemand eine sehr große geladene Waffe an den Kopf hält). In der Messehalle kam mir eine Frau entgegen. Genau genommen stürmte sie auf mich zu und musste sich förmlich zwingen, vor Aufregung nicht zu hüpfen. »Darf ich Ihnen mit Fingerfarbe auf den Bauch malen, wie Ihr Kind gerade liegt?«, fragte sie, und es klang so verrückt wie »Darf ich meine selbst geschriebenen Gedichte über Otter an Ihre Hose tackern?« – »Warum das denn, du sonderbare Frau?«, wollte ich rufen. Aber auf dieser Veranstaltung schien die Frage ganz normal zu sein, denn außer meiner Freundin und mir waren alle anderen Schwangeren ganz heiß darauf. Wir flohen und bahnten unseren Weg vorbei an den Ständen von Olaf, dem elefantastischen Nasensauger, an Sprachschulen, die Zeichensprache und Englisch für Säuglinge anboten, und vielen anderen Firmen, die allesamt darum buhlten, das bioste und frühförderndste Produkt der Welt zu verkaufen. Es war furchtbar, und ich hätte meinen Sohn verstanden, wenn er unter diesen Umständen entschieden hätte, in meinem Bauch zu bleiben.

Aber wer jetzt glaubt, dass ich souverän alle Werbeversprechen entlarvt und als Quatsch abgebügelt hätte, der hat sich leider getäuscht: Die meiste Zeit steckte ich nämlich auch mittendrin im Kaufrausch und war leichte Beute für alle, die ein Produkt für Schwangere verkauften und behaupteten, es sei das wirkungsvollste, beste oder irgendetwas in der Art. Man sollte denken, dass ich durch meinen Beruf als Werbetexterin vor solchen »Versprechen« gefeit bin, aber weit gefehlt. Schon in der Schwangerschaft explodierte unser Regal im Bad vor lauter Cremes, Ölen und Entspannungsbädern. Immer wenn ich etwas Neues entdeckt hatte, das laut Werbebotschaft Dehnungsstreifen noch unwahrscheinlicher machen sollte, habe ich es sofort gekauft, obwohl es vermutlich an zwölf Frauen getestet wurde, von denen zehn leider nicht schwanger werden konnten und zwei bereits vorher Dehnungsstreifen hatten.

Außerdem fand ich es besonders super und exklusiv, mir Umstandskleidung zu kaufen. Dass die meisten Sachen schlimme große Retro-Muster hatten, zu denen das Werbeversprechen »Kaschiert und sieht trotzdem flott aus, XXL-Mode mit Pfiff« gepasst hätte, war mir – aus mir heute unerfindlichen Gründen – egal.

Das Ergebnis sind Netzhautpeitschen-Oberteile mit großen Spiralen im Kleiderschrank, Brennnessel- sowie Stilltee in der Küche und ein Sack Heublumen im Bad. Ich habe tatsächlich fast täglich auf dem Klo über einer Schale mit heißem Wasser und Heublumen gesessen, weil ein Heublumensitzbad das Gewebe weich machen und so vielleicht einem Dammriss entgegenwirken soll. Und siehe da, ich hatte wirklich keinen. Lag allerdings wohl eher am Kaiserschnitt.

Aber am Kaufrausch und Mitmachwahn war keineswegs alles schlecht. Immerhin kenne ich jetzt den besten koffeinfreien Kaffee und habe mit Schwangeren-Yoga meine Rückenschmerzen halbwegs in den Griff bekommen. Außerdem hat regelmäßiges Schwimmen meinem Körper und meiner Seele gutgetan. Ich belegte keine speziellen Kurse für Schwangere, sondern machte die Aqua-Gymnastik in meinem Fitnessstudio mit, in dem es ausdrücklich erlaubt ist, »textilfrei« zu schwimmen. Das sah dann ungefähr so aus: Eine Fitnessfrau turnte am Beckenrand vor und etwa dreißig nackte (!) Rentner hüpften die Anleitungen im Wasser nach. In der Mitte schnaufte ich in einem lila Badeanzug mit rosa Punkten. Aber: Trotz meines »Ottfried Fischer geht als LSD-Käfer«-Outfits sah ich nicht am schlimmsten aus. Ein echter Boost für mein Selbstbewusstsein.

Unsicher und kaufrauschig blieb ich aber trotzdem. Mit dem Erstlingssortiment meines Sohnes hätte ich problemlos Drillinge ausstatten und getrennt voneinander von A nach B bringen können, denn wir hatten neben dem Kinderwagen drei verschiedene Tragesysteme, von denen jedes zirca 0,5-mal zum Einsatz kam. In meinem Perfektionswahn probierte ich mich durch alle Schnuller-, Brei-, Zwieback- und Folgemilch-Sortimente, schließlich wollte ich auf keinen Fall etwas falsch machen. Und als in der neuen »Ökotest« die Schnullermarke meines Sohnes als besonders super abgefeiert wurde, habe ich mich mindestens genauso hochleben lassen, weil ich das schließlich ohne »Ökotest« schon vorher wusste.

Es gab nur eine Sache, die ich auf keinen Fall mitmachen wollte: PEKIP. Bis mein Sohn drei Monate alt war, blieb ich bei der Überzeugung, dass ich mir eher vier Vorstellungen vom »König der Löwen« hintereinander angucken würde, als mit meinem Kind zum PEKIP zu gehen. Plötzlich saß ich dann doch mit anderen Müttern vor unseren nackten, pinkelnden Kindern. Und fand es toll. Weil mein Sohn es toll fand und weil die Mütter keine blöden Besserwisser-Vergleichs-Ziegen waren, sondern lässige, tolle, witzige Frauen. Unter uns gab es nie dieses »Ach, das kann deiner noch nicht?« oder »Meine ist ja schon soooo weit«, und wir können auch immer noch ganz prima nicht über unsere Kinder sprechen.

Meine Moral von der Geschicht lautet also: Kaufrausch und Mitmachwahn sind halb gut. Umstandsmode, bemalte Bäuche und Sitzbäder? Buh! Kaffee, Yoga, meine PEKIP-Mütter und Schwimmen? Top! Und den Nasensauger finde ich inzwischen auch richtig super, weil wir damit seit einer Woche jeden Tag ein Schnapsglas voll Schnotten aus Juniors Nase ziehen können.

WAS ICH MIT MEINER JETZIGEN ERFAHRUNG KAUFEN UND MITMACHEN WÜRDE:

- Im nicht zu verhindernden Kinderklamottenkaufrausch würde ich jetzt größere Größen (alles ab 86) kaufen.
- Ich würde nicht mehr so hysterisch cremen und dampfbaden.
- Schwangerenklamotten würde ich mir entweder leihen, bei asos.de bestellen oder Kleidung für normale Menschen kaufen.

- Ich würde gleich den koffeinfreien Kaffee von illy trinken. Der ist zwar etwas teurer, aber schmeckt super. Kann man sich auch prima schenken lassen.
- Auf jeden Fall würde ich wieder Yoga machen. Das war gerade in den letzten Wochen sehr hilfreich.
- Ich würde auch wieder viel schwimmen. Aber ich würde mir einen anderen Badeanzug kaufen.

Kleiner Hintern. Super Humor. Immer entspannt. Schlampe.

Der Neid auf andere Mütter.

Wenn Stars & Sternchen Kinder bekommen, kann es passieren, dass sie aus dem Kreißsaal direkt auf den roten Teppich oder den Laufsteg marschieren. Auf jeden Fall haben sie innerhalb weniger Wochen ihre Figur wieder, lassen sich im Bikini fotografieren und werden von allen für ihre Disziplin bewundert. Von fast allen. Die Kolumnistinnen der Frauenzeitschriften ätzen nämlich sofort neidisch los: »Pah! Mit Fettabsaugen, David Kirsch und einem makrobiotischen Koch hätte ich das auch hingekriegt. Aber wir normalen Frauen können uns so etwas nun mal nicht leisten.« Und weil wir kein Geld haben für Nanny, Koch und Trainer, sei es angeblich auch völlig okay, dass wir nach der Geburt eben nicht perfekt aussehen. Das ist aber gelogen, denn die Kolumnistinnen und die meisten der anderen Frauen sind ganz grün vor Neid, wenn sie dünne Mütter sehen, und versuchen ebenfalls, so schnell wie möglich perfekt auszusehen, nur eben ohne die finanziellen Supermittel.

Wäre ich vom Kreißsaal direkt auf den Laufsteg gerannt, hätte ich entweder Prügel von der Security oder Szenenapplaus für meinen mutigen Auftritt bekommen. Da bin ich lieber gleich zum Bäcker gegangen und habe mir eines dieser Riesenstücke Marmorkuchen gekauft, die mir sehr lange das nächtliche Aufstehen erleichtert und die Schreiattacken meines Sohnes erträglicher gemacht haben.

Zum Glück war ich meistens relativ entspannt und wusste, dass eine Speckrolle mehr oder weniger völlig egal ist, aber trotzdem: Auch ich wollte wieder so aussehen wie vorher und habe nach dem Abstillen so lange auf Kohlenhydrate verzichtet, bis ich mein Gewicht von vor der Schwangerschaft hatte. Und auch ich mustere manchmal auf dem Spielplatz andere Mütter und fühle mich dick, wenn sie dünner sind, oder alt, wenn sie weniger Falten haben als ich. Aber zum Glück geht es mir deswegen bis auf ein paar Ausnahmen nicht wirklich schlecht. Mich frisst es nicht komplett auf, wenn einer anderen sehr dünnen und sehr hip gekleideten Mutter der Wind durch ihre top gepflegten, langen Haare weht, während sie mit perfektem Lächeln ihrem blitzsauberen Model-Kind beim Spielen zuguckt. Ich werde nur neidisch, wenn ich beobachte, dass ihr Kind schon eine halbe Stunde allein spielt. Dann geht meine Phantasie mit mir durch, und ich male mir eifersüchtig einen Tag mit diesem Kind aus: Es wacht nie vor acht Uhr auf, bekommt nur fix eine neue Windel und ein schnelles Frühstück, um sich dann sofort wieder in sein Zimmer zurückzuziehen, wo es eine Stunde lang seinem namenlosen Stoffhund einen Hut auf- und wieder absetzt. Nach dem Mittagessen schläft es sehr lange und wacht mit lustigem Gebrabbel top gelaunt auf. Später auf dem Spielplatz schaufelt es Sand in einen Eimer, schüttet ihn aus, schaufelt ihn voll, schüttet ihn aus, so lange, bis es zum Abendbrot nach Hause geht. Beim darauffolgenden Zähneputzen und Haarewaschen ertönt im ganzen Haus ein glucksendes Kinderlachen und gleich darauf ein niedliches Schnarchen, das erst am nächsten Morgen durch ein fröhliches Hallo abgelöst wird. O ja, solche Kinder machen mich neidisch, denn mein Sohn kann sich, ich habe die Zeit gestoppt, im Durchschnitt vierundzwanzig Sekunden allein beschäftigen.

Aber auch das macht mich noch nicht komplett fertig. Sehe ich Mütter mit extrem nervigen Wutkindern, die dabei noch völlig entspannt sind, DANN bringt mich das manchmal wirklich fast zum Verzweifeln. Ich habe eine Freundin, die vom Typ eher perfektionistisch und hektisch ist, aber sie ist mit ihrem Kind trotzdem immer so ruhig und fröhlich, selbst wenn es schlimm nervt, dass ich mich mit meiner Haute-Cuisine-Portion Geduld neben ihr oft minderwertig fühle.

Eines Tages, als mein Sohn immer wieder die Wut gekriegt hat, mich haute und an den Haaren zog, bat ich ebendiese Freundin um Hilfe. Per SMS fragte ich sie, wie sie nur so ruhig bleiben könne, wenn ihr Kind seine Grenzen austestet. Ihre Antwort kam erst einen Tag später, weil, Achtung!, ihr Kind am Vortag einfach alles und jeden hauen wollte und sie richtig genervt war. Das habe ich ihr natürlich nicht gewünscht, aber, ehrlich gesagt, hat es mich sehr beruhigt. Und es hat mir bei meinem Umgang mit Neid Recht gegeben: Statt mich selbst dafür fertigzumachen, nicht dünn oder geduldig genug zu sein und durch missgünstiges Starren die Stimmung zu vergiften, sage ich anderen Müttern lieber, dass ich sie für ihren flachen Bauch, ihr allein spielendes Kind oder ihre Geduld bewundere. Das macht die anderen Mütter glücklich und mich auch, denn

erstens fühle ich mich nicht wie eine zickige Kolumnis-
tin und bekomme zweitens meistens auch noch hilfreiche
Tipps. Neid ist doof und macht keinen Sinn. Und ich arbeite
daran, dass er mir noch mehr am Arsch vorbeigeht. Egal,
wie der aussieht!

DAS MACHE ICH GEGEN NEID:

- Ich gehe in die Offensive und lobe die Mütter für die
  Dinge, auf die ich neidisch bin. Das eliminiert alle negativen Energien und Spannungen.
- Ich frage Mütter, die ich um ihre Entspanntheit oder ihre
  Erziehungsmethode beneide, um Rat. Erstens bekomme
  ich da schlaue Tipps und zweitens die Gewissheit, dass
  auch sie beziehungsweise ihre Kinder nicht immer so
  perfekt sind, wie es scheint.
- Ich sage mir, dass jeder Mensch etwas hat, was ein anderer nicht hat. Dafür, dass ich zu klein bin, ist eine größere
  Frau vielleicht weniger witzig. Alle Fähigkeiten und Vorteile verteilen sich unter den Menschen so, dass sich alles
  ausgleicht, daran glaube ich ganz fest.

Wir wären auch ohne Kinder Freundinnen.
Das Glück, wenn Mütter gleich ticken.

Mein Mann ist richtig toll. Ich liebe ihn über alles, und von
allen Menschen auf der Welt bin ich am allerliebsten mit ihm
zusammen (und mit dem Kind natürlich). Aber es gibt ein
paar Dinge, die kann ich mit ihm nicht besprechen. Wenn es
um meine Muttergefühle geht zum Beispiel, findet er mich

ziemlich oft theatralisch und fatalistisch und versucht regelmäßig, für ihn unangenehme Gespräche nach sehr kurzer Zeit mit einem »Ist doch nicht so schlimm, Hasenfrau« abschließen. Und auch wenn wir uns gestritten haben, würde ich nicht unbedingt ihn anrufen, um mich über ihn zu beschweren. Dafür habe ich zum Glück meine Freunde. Meine zwei besten Freunde sind kinderlos. Die beiden geben sich genau wie der Mann wirklich Mühe, meinen ausschweifenden Gedanken zum Thema Mutterschaft zu folgen oder zumindest nicht einzuschlafen, aber irgendwann haben ich festgestellt: Es gibt Dinge – und die meisten sind in diesem Buch nachzulesen –, die kann nun mal eine Mutter am besten nachempfinden.

Ohne meine Freundinnen mit Kindern im gleichen Alter wäre ich sehr wahrscheinlich des Öfteren vor Wut auf den Mann oder auch vor lauter Muttergefühlen geplatzt. Die für mich wichtigste Freundin lernte ich bereits in der Mitte der Schwangerschaft kennen, und als unsere Kinder, die im Abstand von zwei Wochen geboren wurden, sehr klein und unsere Muttergefühle groß und unheimlich waren, haben wir sehr viel Zeit miteinander verbracht. Wir sind auf Kinderspielplätzen vor Erschöpfung in Tränen ausgebrochen und haben uns getröstet, wir hatten hysterische Lachanfälle vor Supermärkten, wir haben uns gegenseitig Mut gemacht und unterstützt, wenn unsere Männer gearbeitet oder genervt haben. Sie hat mich ins Krankenhaus gefahren und war mein ruhender Pol, als ich meinem Sohn den Ellenbogen ausgehakt habe. Besonders in der ersten Zeit mit Kind war sie lebenswichtig für mich. Und auch wenn wir inzwischen beide wieder arbeiten und uns vor lauter Stress kaum sehen, weiß ich, dass wir immer füreinander da sind.

Ich bin froh, dass ich sie und meine anderen Freundinnen gefunden habe. Einige wenige kannte ich schon vorher, die meisten habe ich in den ersten zwei Lebensjahren meines Sohnes kennengelernt. Neben meinen neuen Freundinnen haben aber auch viele Mütter meinen Weg gekreuzt, die so gar nicht mein Fall waren. Als zum Beispiel bei der Babymassage eine Mutter voller Stolz erzählte, dass ihr Kind immer heulte, wenn sie das Zimmer verließ, und aus mir ein bestürztes »Das ist ja furchtbar« herausbrach, war sofort klar, dass wir nicht das neue Dreamteam werden sollten. Auch mit der unzufriedenen, intoleranten Öko-Bekannten, die mir am liebsten das Abstillen und Impfen meines Kindes per Gerichtsbeschluss verboten hätte, hätte ich mir keinen Zehnerpack H&M-Bodys geteilt.

Und so ein Nachmittag, der ja mit Kind schon unerträglich lang sein kann, geht mindestens zweimal gegen unendlich, wenn ich ihn mit einer Mutter verbringe, die so gar nicht mein Ding ist. Da steche ich mir lieber einmal pro Minute mit dem Finger ins Auge, als mich mit einer Mutter zu treffen, die von nichts anderem als ihrem Kind, Sonderangeboten für ihr Kind, ökogestetem Spielzeug, trilingualer Frühförderung und Heile-Welt-Ernährung sprechen kann.

Ich brauche Mütter mit manchmal kinderlosen Gesprächsthemen, die grobe Witze über ihre Kinder oder ihre Situation machen können, denen ich alles sagen kann, ohne dafür verurteilt zu werden, und die für mich da sind, wenn es brennt. Im Gegenzug bekommen sie das Gleiche von mir. Inzwischen habe ich einen harten Kern an Freundinnen, auf die dieses Profil zutrifft. Und das ist herrlich.

Unter diesen Müttern vergleichen wir nicht aus Neid, sondern aus anatomischem Interesse unsere abgestillten Brüste und, sofern vorhanden, unsere Kaiserschnittnarben.

Wir sprechen so offen über körperliche Regionen und Beschwerden, dass Nichtmütter sich laut singend die Ohren zuhalten würden. Diese körperlichen Gespräche fand ich insbesondere in den ersten Monaten mit Kind sehr wichtig, weil so vieles so eklig und anders war, dass ich es gern mit Frauen besprochen habe, die nicht mit Würgereiz, sondern eben auch mit Wochenfluss oder Beckenbodenscheiß zu kämpfen hatten. Und auch emotionale Themen wälzen sich eben am besten mit anderen Müttern. Nur meine Freundinnen mit Kind können in Gänze verstehen, wie sehr es manchmal nervt, wenn der Mann so viel arbeitet beziehungsweise alles falsch macht, wie langweilig zwei Stunden mit Kind zu Hause sein können oder wie aggressiv es machen kann, wenn die Schwiegermutter »Schnucki« zum Kind sagt.

Meine Freundinnen und ich sind ehrlich zu einander. Es gibt kaum etwas, das wir genau gleich machen, und trotzdem fühlt sich keine besser oder schlauer, wenn die andere von ihrem Kind genervt ist oder etwas in Erziehung, Ernährung und Co. anders macht. Es wird nicht verurteilt, sondern miterlebt. Ich finde es auf jeden Fall hilfreich, wenn ich mir abgucken kann, was eine Freundin ihrem Kind kocht, wo sie den Fahrradhelm gekauft hat oder wie sie Konflikte löst. Und das Beste zum Schluss: Wir lachen sehr viel, und ich bin fast am liebsten mit ihnen zusammen, wenn die Kinder nicht dabei sind.

SO FINDE ICH DIE RICHTIGEN FREUNDINNEN:
- Ich habe mich mit vielen Müttern getroffen, bis ich diejenigen gefunden habe, mit denen ich gern Zeit verbringe.
- Wenn ich eine Mutter sympathisch finde, hoffe ich nicht darauf, dass ich ihr mal wieder über den Weg laufe, son-

dern frage direkt, ob sie Lust hat, sich zu verabreden oder Nummern auszutauschen.

- Ich merke bereits an Kleinigkeiten, ob ich jemanden mögen kann oder nicht. Als zum Beispiel eine Mutter ihrer Tochter mit ihrem Rock die Nase geputzt hat, weil sie keine Taschentücher mithatte, war sie mir gleich doppelt sympathisch (praktisch veranlagt und nicht perfektionistisch).

- Ich teste, ob die Mutter den gleichen Humor hat wie ich. Lacht sie, wenn ich über mein nerviges Kind sage, dass ich am liebsten ausprobieren würde, ob es noch in die Babyklappe passt, passt es auch mit uns.

- Bestes Zeichen für eine beginnende Freundschaft: Laberflashs!! Bei mir ist der beste Indikator dafür, dass ich mich mit einem Menschen wohlfühle, dass ich viel rede.

Sie haben keine Kinder, oder?

Der Ärger über die Ignoranz von Kinderlosen.

Am schlimmsten sind die Omas. Mir ist es schon häufiger passiert, dass ich mit dem Kinderwagen unterwegs war und eine alte Schachtel mit Hut mich anzickte: »Sie meinen wohl auch, nur weil Sie ein Kind haben, gehört Ihnen die Straße.«

»Ich meine höchstens, mir gehört die Straße, weil ich so viele Steuern zahle, und zwar auch für dich, du schrumpelige Hexe!«, möchte ich sagen, aber stattdessen brülle ich meistens nur ein »Was ist denn eigentlich IHR Problem?«.

Ich habe absolut kein Verständnis dafür, dass ich angezickt werde, weil ich mein Kind durch die Gegend fahre und vielleicht sogar die Dreistigkeit besitze, neben einer anderen Mutter mit Kinderwagen zu schieben. Zumal in allen Fällen für die Omas noch ausreichend Platz war, um zum Beispiel bei einem Herzinfarkt lang hinzuschlagen.

Ich bin ziemlich rücksichtsvoll und befürchte schnell, die Ruhe anderer Leute mit meinem lauten Kind zu stören. Wenn ich abends essen gehen will, bestelle ich zum Beispiel meistens lieber den Babysitter, anstatt mein Kind mitzunehmen. Und wenn mein Kind sich in der Öffentlichkeit danebenbenimmt, interveniere ich sofort, oft auch so, dass ich meine Erziehungsprinzipien über Bord werfe, damit so schnell wie möglich Ruhe ist. Dafür erwarte ich nicht, dass die meckernden Omas anfangen, Blumen zu streuen, wenn ich mit dem Kinderwagen durch die Gegend flaniere. Aber hin und wieder wäre ein bisschen Sympathie und Unterstützung echt nett. Das gilt übrigens auch für die jungen, agilen Menschen, die neben mir die U-Bahn-Treppe hochhüpfen, während ich versuche, den Kinderwagen und zwei volle Einkaufstüten hochzuwuchten, ohne dass mein Kind ein Schleudertrauma erleidet. Und all die überheblichen »Tststs« und das Augenrollen, weil mein Sohn im Café nicht still einen Latte Macchiato trinkt und dabei die Süddeutsche liest, kotzen mich auch an. Ich gehe schon extra nicht in so loungige, durchdesignte Läden, weil ich davon ausgehe, dass Kinder da eher ungern gesehen werden; aber wo sich Hochstühle und Spielzeug befinden, sollte jeder damit rechnen, dass dies nicht die Ausstattung vom Fetisch-Stammtisch ist, sondern dass tatsächlich Kinder hereinkommen und unter Umständen auch Krach sowie Dreck machen.

Der größten Kinderfeindin begegnete ich übrigens an einem Ort, an dem Kinder noch viel mehr erwartet bis erwünscht sein sollten: in einem Laden für Kinderkleidung und Spielzeug. Die Inhaberin ist ein allseits bekannter Drache, sie faucht gern mal Kinder an, wenn sie etwas anfassen, oder bepöbelt deren Eltern, sobald sie die Dreistigkeit haben zu sagen, dass ihnen etwas nicht gefällt. Einen Umtausch lässt sie nur zu, wenn der Artikel noch nicht gekauft worden ist. Uns hat sie letzten Winter befohlen, nicht mit dem schneevermatschten Kinderwagen in den Laden zu fahren, weil sie sonst ja wischen müsste. Als mein Mann sagte, dass er das blöd findet, setzte sie ein fieses Grinsen auf und zischte: »Es gibt auch noch andere tolle Länden mit Kindersachen.« Dann drehte sie sich zu mir um und sagte: »Ihr Mann möchte gehen.«

Wie immer war meine Schlagfertigkeit gerade Milch holen. Statt also mit einem amtlichen Spruch zurückzuschießen, »aus Versehen« ein Regal umzureißen oder sie zumindest mit dem dreckigen Kinderwagen anzufahren, schnappte ich nur nach Luft und ging. Ich schwor mir: Nie wieder werde ich mit meinem Sohn diesen Laden betreten. Da kann ich ihn ja gleich mit einem Eis in den Flagshipstore von Jil Sander schubsen.

DAS MACHE ICH MIT BLÖDEN KINDERLOSEN:

- Den zickigen Omas brülle ich das entgegen, was mir gerade einfällt (hängt von der Tagesform ab). Sie sind zu verbohrt, um sich vom Gegenteil überzeugen zu lassen, und haben eine ordentliche Beleidigung in den meisten Fällen durchaus verdient.
- Wenn ich mit dem Kinderwagen Hilfe brauche, starre ich die Leute so lange an, bis sie sich nicht mehr trauen vorbeizugehen. Oder ich frage direkt.
- Sind Leute genervt, weil mein Kind zu laut ist, bin ich leider meistens so verunsichert, dass ich es um jeden Preis

ruhigstellen will. Wenn ich es schaffe, meinen Erziehungsplan weiter durchzuziehen, ignoriere ich, so gut es geht, die Tststs.

Das kannst du nicht verstehen!
Die Arroganz gegenüber Kinderlosen.

Sind auf einer Party viele Gäste über dreißig, ist die Wahrscheinlichkeit sehr groß, dass sich die Gespräche ums Thema Kinder drehen. Eltern beginnen zu schwärmen und fragen die kinderlosen Partygäste, ob sie nicht auch langsam mal an Nachwuchs denken. Verneinen sie das, wird es knifflig. Haben sie vielleicht keinen Partner abgekriegt? Können sie keine Kinder kriegen? Oder sind sie etwa so egoistisch, dass sie keine Kinder wollen? Egal, in jedem Fall legt der stolze Elternteil seine Hand auf den Arm der Kinderlosen, schaut sie mitleidig an und nickt ein aufmunterndes »Das wird schon«.

Warum denken Eltern eigentlich so oft, dass ihr Lebensentwurf der einzig richtige ist? Das nervt mich. Keine Kinder zu haben, hat schließlich durchaus seinen Reiz. Ich zumindest war schon oft genug neidisch auf unsere kinderlosen Nachbarn, die ausschlafen, stundenlang in Ruhe frühstücken oder spontan wegfahren können, ohne für die Reise eine Spedition zu beauftragen. Und wenn das Kind auf offener Straße einen so schlimmen Wutanfall kriegt, dass er mir Haare ausreißt und alle glotzen, würde ich auch lieber nachwuchslos im Kino, in der Kneipe oder irgendwo sonst sitzen, wo mein Kind gerade nicht ist.

Aber in unserer Gesellschaft werden Kinderlose nun mal offiziell nicht beneidet, vielmehr stehen sie bei spät gebärenden Übereltern ganz oben auf der Liste der zu bekehrenden Personen. Noch immer habe ich nicht herausfinden können, wie diese Eltern zu der Überzeugung kommen, sie seien durch die Geburt ihres Kindes zu unfehlbaren Heiligen geworden, aber genau das lassen sie ständig heraushängen. Diese Übereltern mit allgemeingültigem Bildungsauftrag sind wirklich für alle die Pest. Sie lassen Kinderlose als egoistische Emotionskrüppel dastehen und verhalten sich in der Öffentlichkeit so großkotzig und selbstgefällig, dass mir öfter mal die Spucke wegbleibt. Mir selbst ist mal eine Mutter mit ihrem Kinderwagen in die Hacken gefahren, und zwar nicht, weil ich ihre Handtasche geklaut oder ihrem Baby die Nase umgedreht hatte, sondern einfach nur, weil ich im Weg stand. Als ich eine Entschuldigung forderte, guckte sie mich nur fragend an und schob weiter. Diese dämliche Zippe brachte mich tatsächlich dazu, genauso blöde Dinge zu denken wie die Mecker-Omis: Sie meint wohl, ihr gehört die Straße, nur weil sie ein Kind hat!

Aber nicht nur über Übereltern rege ich mich auf, mir gehen selbst die eigentlich coolen Eltern manchmal auf den Keks. Ich war zum Beispiel mal mit kinderlosen Freunden und einer anderen Mutter in einer Kneipe. Die Mutter hat die ganze Zeit nur von ihrem Kind geredet. Die Freunde waren langsam etwas genervt und machten sie höflich darauf aufmerksam, worauf sie etwas überheblich antwortete: »Das versteht ihr nicht. Dafür müsst ihr selbst Eltern sein.« Komisch, denn ich habe auch nicht verstanden, warum sie so viel über ihr Kind reden muss, obwohl ich Mutter bin.

Ja, für mich ist mein Leben mit Kind perfekt. Wenn der Mann, das Kind und ich zusammen sind, bin ich auf eine Art glücklich, wie ich es vorher nicht war. Aber deshalb kann ich doch nicht davon ausgehen, dass es bei allen anderen Menschen auch so sein muss. Warum können wir uns nicht alle in Ruhe so leben lassen, wie wir das wollen? Ich will mit meinem lärmenden Kind genauso wenig schräg angeguckt werden wie die mit Absicht kinderlose Karrierefrau, und wir beide wollen unsere Ruhe vor den Übereltern, die sich lautstark überall einmischen.

Und wo ich gerade dabei bin: Ich halte es für großen Quatsch, kinderlosen Paaren Egoismus vorzuwerfen, denn in einer Welt, die ziemlich im Arsch ist und dazu noch voller Kinder, die niemand will, ist es doch eigentlich viel egoistischer, selbst welche zu bekommen, oder nicht? Und jetzt mal Hand aufs Herz: Die Begründung »Dann lebt etwas von mir weiter« als Zeichen purer Selbstlosigkeit? »Ja nee, is klar!«

DAS MACHE ICH MIT ARROGANTEN ELTERN:
- Meistens schlage ich mich aus Protest auf die Seite der Kinderlosen. Wenn ich trotz Wut noch klar denken kann, halte ich die Fahne für Meinungsfreiheit hoch.
- Wenn Kinderlose anfangen, sich grundlos zu rechtfertigen, zähle ich die Vorteile auf, die das Leben ohne Kinder hat.
- Den Umgang mit Übereltern, die meinen, alle müssten so leben wie sie selbst, übe ich noch. Oft sage ich gar nichts, meistens so etwas wie »Muss ja jeder selber wissen« und lästere danach ordentlich los. Ich hoffe, mir gelingt es in Zukunft öfters, ihnen direkt zu sagen, dass sie machen können, was sie wollen, dies aber auch allen anderen zugestehen sollten.

Ein Haus mit Garten, das wär's (nicht)!
Die Verweigerung der Landflucht.

Wenn ich grob schätze, sind acht von zehn Müttern gedanklich damit beschäftigt, aufs Land zu ziehen, und die anderen beiden packen gerade ihre Umzugskisten. Warum wollen denn bloß alle immer weg aus der Stadt? Klar wäre es toll, wenn ich das Kind zum Spielen aus der Terrassentür schubsen könnte, aber in der eigenen Sandkiste würde er genauso wenig allein spielen wie in der auf dem Spielplatz um die Ecke.

Genau genommen ist der Garten der einzige Vorteil am Aufs-Land-Ziehen, wohingegen die Nachteile eine ziemlich lange Polonaise der Unerfreulichkeiten bilden: Ich könnte nicht mehr zu Fuß einkaufen, das Kind zu den Tageseltern bringen oder Freunde besuchen. Ich hätte keine so große Auswahl an Nachbarn, sondern müsste die nehmen, die links und rechts von mir neugierig aus dem Fenster glotzen. Es gäbe keine Cafés mit Hochstühlen, keine Kurse für Mutter und Kind, in denen ich lustige Mütter kennenlernen könnte, es gäbe keine Kinderbetreuung für meinen Sohn, bevor er drei ist, und dann auch nur bis 14 Uhr, und der Supermarkt würde auch spätestens um 18 Uhr schließen.

Ich habe eine Freundin, die auf dem Land wohnt. In den ersten Lebensmonaten ihres Kindes war für sie das Highlight des Tages der Gang zum Altglascontainer, danach hat sie quasi den restlichen Tag darauf gewartet, dass ihr Mann von der Arbeit kommt. Bei mir war das anders: Wenn sich bei mir der Lagerkoller einstellte, habe ich meine Freundin angerufen, wir haben zeitgleich unsere Kinder angezogen und sind uns entgegengegangen, um fünf Minuten später gemeinsam Milchkaffee zu trinken, auf dem Spielplatz rumzuhängen oder bei Budni Windeln zu kaufen. Ja, unsere zentrale Wohnlage hat mich diverse Male vor einem Nervenzusammenbruch bewahrt.

Nein, ich könnte nicht so einsam auf dem Land wohnen. Der Mann zum Glück auch nicht. Wir sind beide froh darüber, unsere Wochenenden nicht mit Hausbesichtigungen im Umland oder mit dem Durchforsten von Internetseiten und Zeitungen zu verbringen. Während andere also das perfekte Domizil auf dem Land suchen oder umbauen, haben wir die für uns perfekte Lösung bereits gefunden. Wir wohnen in der Stadt, und weil es da so schrecklich gefährlich und ungrün ist, haben wir zusätzlich einen Schrebergarten und somit das Beste aus zwei Welten. Wenn das Wetter schön ist, sind wir im Garten, springen durchs Plantschbecken, bauen Gemüse an, grillen und übernachten in unserer kleinen hutzligen Laube. Ist das Wetter schlecht, bleiben wir zu Hause und machen es uns gemütlich oder unternehmen irgendwas, schließlich haben wir in der Stadt Tausende von Möglichkeiten.

Ich habe meine Kindheit auf dem Land verbracht, und das war selbstverständlich toll. Wir hatten Tiere und viel Platz und einen eigenen Bolzplatz und konnten den ganzen Tag draußen spielen. Aber ungefährlicher als in der Stadt war es dort auch nicht, schließlich lag unser Bauernhof direkt an einer Kreisstraße, auf der sich regelmäßig Auto- und Motorradfahrer um Bäume und Stacheldrahtzäune gewickelt haben. Wenn ich mit dem Fahrrad zu meiner besten Freundin gefahren bin, war das wahrscheinlich riskanter, als meinen Sohn in unserer Straße Brötchen holen zu schicken. Außerdem ist es vielleicht für kleine Kinder schön und bereichernd, auf dem Land zu wohnen, aber je älter sie werden, desto blöder wird es doch. Ich kann mich noch genau erinnern, wie mich meine Kleinstadt-MitschülerInnen als Bauernkind verarscht und gemieden haben, die fanden nämlich gar nicht cool, dass ich immer draußen spielen konnte. Vielmehr fanden sie, dass ich nach Bauernhof rieche, und damit meinten sie nicht den romantischen Duft von politisch korrektem, schickem Öko-Hof, sondern das uncoole Œvre von Silo und Gülle. Als ich elf war, zogen wir in eine Kleinstadt, aber viele, die am Arsch der Welt ihre Pubertät verlebt haben, fanden es ziemlich dämlich, weil es am Arsch der Welt blöderweise kaum Fußgängerzonen zum Rumhängen gibt, man selten mehr als zwei andere Teenager trifft oder heimlich Alkohol kaufen kann.

Und wenn ich an die Pubertät meines Sohnes denke, ist die Entscheidung, in der Stadt wohnen zu bleiben, doch wohl alles andere als egoistisch. Klar werde ich tausend Tode sterben, wenn er im Feierabendverkehr Lauf- und Fahrrad fahren lernt, ich werde mir in die Hose machen, wenn er das erste Mal allein mit der U-Bahn unterwegs ist, und ich werde garantiert kein Auge zutun, wenn er den Kiez auf links ziehen wird. Aber zum Glück habe ich ja den Mann; denn wenn ich anfange, angesichts dieser Vorstellungen hysterisch zu werden, beruhigt er mich: Irgendwann wird unser Sohn doch sowieso in die Stadt zurückwollen; da ist doch besser, er hat vorher gelernt, wie sie funktioniert. Er wird zwar eine harte Schule durchlaufen, aber dafür weiß er dann eben auch früh, wie er sich im Straßenverkehr, in der U-Bahn oder auf dem Kiez zu verhalten hat, um unversehrt zu bleiben und so wenig Ärger wie möglich zu haben. Das ganze Leben Frischluft zu atmen, bringt einem schließlich nichts, wenn man überhaupt nicht weiß, was zu tun ist, wenn sie mal dünn wird.

DARUM HABE ICH WEDER ZWEIFEL NOCH SCHULD-
GEFÜHLE, IN DER STADT WOHNEN ZU BLEIBEN:

- Mein Sohn fühlt sich dort wohl, wo ich mich wohlfühle. Und ich glaube, dass ihn eine zufriedene Mutter glücklicher macht als ein großer Garten.
- Gute Nachbarschaft gibt es auch bei uns in der Stadt, sie ist wahrscheinlich fast noch besser, weil wir dank der größeren Auswahl keine Kontakte erzwingen müssen.
- Sehnen wir uns nach Stille, fahren wir in den Schrebergarten.
- Wir kaufen auf dem Markt Produkte vom Bauernhof und aus der Landschlachterei.
- Wir haben einen großen Park in Fußnähe und einen super Zoo nur ein paar U-Bahn-Stationen entfernt.

DER MUTTERMYTHOS &
DIE SCHULDGEFÜHLE

Das mache ich nur, weil ...
Der Zwang, sich für alles zu rechtfertigen.

Während ich hier sitze und schreibe, ist mein Kind bei seinem Tagesvater. Es hat dort einen Acht-Stunden-Platz, aber ich hole es eigentlich immer früher ab, ist ja auch ganz schön lange für ein so kleines Kind. Aber es liebt seinen Tagesvater wirklich sehr, manchmal will es gar nicht wieder mit nach Hause. Und zack, schon ist es passiert. Ich rechtfertige mich. Seit ich schwanger war, fühle ich mich von hochgezogenen Augenbrauen umzingelt. Als ich mit Kind im Bauch ein blutiges Steak bestellte, erklärte ich im gleichen Atemzug, dass ich ja auf dem Bauernhof aufgewachsen bin und deshalb schon mal Toxoplasmose hatte, ich könne das auch mit einem ärztlichen Schrieb nachweisen. Wenn ich schwanger ein Konzert besuchte, erzählte ich schon am Eingang allen Argwohnern, dass ich mich natürlich ganz nach hinten stellen und sofort wieder gehen würde, wenn ich merkte, dass das Kind unruhig würde. Und nach der Geburt wurde alles noch viel schlimmer. Ich rechtfertigte mich für den Kaiserschnitt, denn der war ja nicht geplant. Ich hatte schon Presswehen und wollte das Kind auf natürliche Weise bekommen, aber dann lag es nicht richtig, und wir haben wirklich alles probiert, Wehentropf, PDA (aber wirklich nur, weil der

Arzt das so wollte), und als gar nichts mehr ging, kam eben der Kaiserschnitt. Beim Abstillen war es schon ein bisschen besser. Ich habe zumindest zugegeben, dass ich Stillen nicht mochte, aber ich habe es natürlich trotzdem wie empfohlen sechs Monate durchgezogen, und danach habe ich auch nur abgestillt, weil mein Sohn mir signalisiert hat, dass er bereit ist für andere Nahrung, und ich habe, na klar, extra viel mit ihm gekuschelt, um die fehlenden Momente der Nähe zu kompensieren. Und mit Gläschen habe ich ihn auch nur gefüttert, weil ich gelesen habe, dass darin viel mehr Vitamine sind als im matschigen Selbstgekochten.

Stimmt nicht. Ich habe Gläschen gekauft, weil ich zum Kochen keine Lust hatte. Warum muss ich mich überhaupt immer rechtfertigen? Da brauchen wildfremde Menschen, die nicht selten einen völlig anderen Lebensentwurf haben als ich, nur die Stirn zu runzeln, schon sprudelt es aus mir heraus, und ich wünsche mir nichts sehnlicher als deren Absolution. Dabei ist es doch einzig und allein meine Sache, wie ich mein Kind bekomme, wie ich es ernähre und erziehe. Gut, der Mann darf noch mitreden, aber alle anderen können ab sofort bei Schlüsselwörtern wie Stillen, Kaiserschnitt oder Durchschlafen ihre Augenbrauen unten lassen und so lange die Klappe halten, bis sie gefragt werden.

MEIN PLAN FÜR EIN LEBEN OHNE RECHTFERTIGUNGS-ZWANG:
- Ich nehme mir vor, mich ab sofort für nichts mehr zu rechtfertigen.
- Ertappe ich mich doch dabei, rufe ich erst innerlich STOPP! und bringe dann deutlich zur Sprache, dass ich Rechtfertigungen blöd und überflüssig finde.
- Komme ich im Gespräch auf »gefährliche« Themen wie

Stillen, frage ich die Gesprächspartnerinnen sofort, ob sie bei diesen Themen auch so angespannt sind und denken, sich für ihren eigenen Weg rechtfertigen zu müssen.

- Werde ich gemaßregelt, lasse ich mich nicht auf ein dogmatisches Gespräch ein, sondern sage: »Eine Mutter macht es richtig, wenn es sich für sie richtig anfühlt.«
- Wenn ich die Methoden einer Mutter rätselhaft finde, sage ich nichts und runzle auch nicht die Stirn, sondern wiederhole im Geiste immer wieder: »Sie macht es nicht falsch, nur anders.«

Aber er ist doch noch so klein.
Die Schuldgefühle, weil das Kind in die Krippe kommt.

Das erste halbe Jahr konnte ich nicht einmal darüber nachdenken. Meinen Sohn in andere Hände zu geben, schien mir absolut unmöglich. Dabei war ich davon ausgegangen, dass ich schnell wieder arbeiten will, zumal ich ja in meiner Rolle als Vollzeitmutter nicht vollständig aufgegangen bin. Ich habe mir ein paar Kitas angeguckt, in denen mir stets das Gleiche gesagt wurde: »Wir haben keinen Platz, aber melden uns, wenn wir was haben.« Erst hat mir diese ungenaue Ansage völlig gereicht, dann mein Status als Vollzeit-Mutter. Als mein Sohn ein Jahr alt war, wurde uns beiden langweilig. Er war genervt, weil so wenig passierte, und ich war genervt von seinem Genervtsein. Kurzerhand suchte ich eine Tagesmutter oder einen Tagesvater für ihn. Als ich mir die erste Frau anguckte, war ich verunsichert. Sie hat sich grundsätzlich geweigert, mit den Kindern nach draußen zu gehen, das

Spielzeug war verranzt, und sie sprach in einem Grundton, der beleidigt und genervt klang. War ich jetzt gluckig, oder war diese Frau wirklich eine frustrierte Kinderhasserin? Erwarte ich zu viel, wenn ich mir eine fröhliche, optimistische Person für meinen Sohn wünsche? Die Antwort, ein klares Nein, bekam ich indirekt von den Personen, die die Tageseltern meines Sohnes werden sollten. Als ich vor deren Laden stand, dachte ich nur: »Nee, geht gar nicht.« Der Zusammenschluss von zwei Tageseltern, die gemeinsam in einem angemieteten Laden Kinder betreuten, existierte zu der Zeit erst wenige Wochen. Es sah etwas chaotisch aus und war noch ziemlich notdürftig eingerichtet. Eine Wand war noch nicht gestrichen. Obwohl ich mir den Unterbringungsort für mein kleines Superkind so nicht vorgestellt hatte, habe ich sofort zugesagt. Weil wir in den Raum kamen, mein Sohn sich nur kurz umguckte, sich dann sofort von der Tagesmutter die Jacke ausziehen ließ und anfing zu spielen. Meine Intuition sagte mir, dass am Ort vielleicht noch geschraubt werden konnte, aber die Menschen die Richtigen für ihn sein würden.

Eine Woche später ging die Eingewöhnung los. Und mit ihr kamen die Zweifel. Ist es egoistisch von mir, wieder arbeiten zu wollen, obwohl ich nicht unbedingt müsste? Kann ich verkraften, dass er eine andere Bezugsperson hat als mich? Schaffe ich, mich nicht ständig einzumischen? Packe ich es, wenn er beim Abschied weint? Sind die Tageseltern wirklich die Richtigen? Woher will ich eigentlich so genau wissen, dass sie nicht im Keller Nacktfotos von den Kindern machen und im Internet verkaufen? Ist er nicht doch noch zu klein?

Penibelst observierte ich sein Ess-, Schlaf- und sonstiges Verhalten während der Eingewöhnung. Tagsüber war alles super, aber, tatsächlich, er schlief nachts schlecht. Ich wurde noch unsicherer. Sollte ich das Projekt abbrechen und ihm noch mehr Zeit geben? War ich zu egoistisch, schließlich war er ja quasi gerade erst geboren? Oder hatte sein schlechtes Schlafverhalten vielleicht gar nichts mit der Eingewöhnung zu tun? Die Tageseltern und die anderen Eltern haben mich ein bisschen beruhigt, und wir machten weiter.

Die ersten Male, die ich ihn dort allein gelassen habe, liefen immer gleich ab: Der Tagesvater stand mit dem weinenden Sohn am Fenster. Ich stand draußen und winkte. Dabei gab ich mir die größte Mühe, besonders fröhlich und ausgelassen rüberzukommen, war dabei aber ungefähr so glaubwürdig wie ein Pornodarsteller in der schauspielerischen Einleitung. Sobald ich außer Sichtweite war, verlor ich Fassung wie Körperspannung und brach in Tränen aus. Wie konnte ich nur so egoistisch sein und meinem kleinen Kind das zumuten? Ich setze mich in ein Café und weinte immer noch, als der Sohn schon wieder fröhlich spielte, wie der Tagesvater mir am Telefon lässig mitteilte.

Mein Sohn hat die Eingewöhnung schneller verkraftet als ich. Inzwischen fühlt er sich bei den Tageseltern so wohl, dass er manchmal gar nicht nach Hause will (damit muss ich auch erst mal klarkommen). Seitdem er dort ist, hat er in einem Affentempo gelernt, auch vieles, was ich ihm allein zu Hause nicht zugetraut hätte.

Ich finde gut, dass sich nicht den ganzen Tag alles um ihn dreht, gerade weil er Einzelkind ist. Aber ich muss zugeben, dass es mich viel Überwindung gekostet hat, nichts zu unternehmen, als mein kleiner Sohn während der Eingewöhnung traurig am Tisch mit den Wasserbechern stand und ich verzweifelt dachte: »Merkt denn niemand, dass mein Hasenkind Durst hat?« Tatsächlich hat es niemand gemerkt, aber dafür hat mein Sohn bei den Tageseltern gelernt, dass er auf sich aufmerksam machen muss, wenn er etwas braucht, dass ihm nicht jeder Wunsch von den Augen abgelesen wird und dass Selbstständigkeit super ist.

Für unsere Familie war die Lösung, das Kind im Alter von einem Jahr in Betreuung zu geben, genau die richtige. Es gibt Familien, die machen das aus verschiedensten Gründen viel eher, und es gibt Mütter, die bleiben viel länger mit ihren Kindern zu Hause. Und manchmal stelle ich mir vor, nein, manchmal wünsche ich mir sogar, mein Sohn wäre auch noch den ganzen Tag bei mir, und wir wären ein so eingespieltes, harmonisches Superteam wie meine Freundin und ihre Tochter. Aber für uns zwei funktioniert das nicht. Ihm ist es langweilig mit mir (oder wie soll ich es interpretieren, wenn er manchmal morgens seine Jacke holt und sich an die Haustür stellt?), und ich hätte ehrlich gesagt nicht die Kraft und Geduld für so viel Programm und Spaß und Tobeterror, dass er sich freuen würde, jeden Tag ausschließlich mit mir zu verbringen. Es geht nicht. Mein Kind braucht Alarm. Und ich kann viel mehr Mutter sein, wenn ich es zwischendurch mal nicht sein muss.

DAS HABE ICH IN DER EINGEWÖHNUNGSZEIT
GEMACHT:

- Ich habe mich mit Freundinnen ausgetauscht, die ungefähr im gleichen Zeitraum ihre Kinder eingewöhnten. Dadurch fühlte ich mich erstens nicht mehr so schäbig, das Kind »so früh« abzugeben, und zweitens in meiner Verzweiflung nicht so allein.
- Ich habe geweint. Viel. Auf jeden Fall mehr als mein Kind.
- Ich habe erst meiner Intuition und dann den Tageseltern vertraut. Bei den beiden wusste ich, dass mein Kind sich

wohlfühlt, und konnte es deshalb leichter »allein« lassen.

- Ich habe gelernt, wirklich genießen zu können, in der Zeit ohne ihn so viel zu schaffen (und das mache ich immer noch).

Danke, ich schaffe das schon.
Die Unfähigkeit, Hilfe anzunehmen.

Verglichen mit jungen Müttern sind Ghandi, Jesus und Mutter Teresa eine Gruppe Komakids auf dem Weg zum Gangbang nach Lloret de Mar. Junge Mütter opfern sich nämlich komplett für ihre Neugeborenen auf. Wenn Schlafen nicht möglich und zum Essen keine Zeit ist, dann wird stattdessen, ohne mit der Wimper zu zucken, wochenlang auf dem Zahnfleisch gegangen. Hauptsache, alles wird allein bewältigt und geschafft. Ich zum Beispiel hätte mir eher die Zunge abgebissen, als um Hilfe zu fragen, obwohl ich mir auf dem Zahnfleisch schon Hornhaut gelaufen hatte.

Erstens, weil ich befürchtete, dass sich die gebetene Person mit ihrer Unterstützung automatisch das Recht erwirbt, mir bei Kinderpflege und Muttersein reinzuquatschen, und ich schlaue Tipps und Bevormundungen noch weniger ertragen konnte als ein Kind, das stundenlang schreit. Zweitens, weil ich Angst hatte, dass mein Sohn jemand anderen toller findet als mich, schließlich könnte die pflegende Person es ja viel besser machen, viel geduldiger und liebevoller sein, und schon wäre ich aus dem Rennen, bevor ich überhaupt eine richtige Verbindung zu ihm aufgebaut hätte. Jeder Mensch, der entspannt oder routiniert mit meinem Kind umgegangen wäre, hätte mich nicht entlastet, sondern nur noch unsicherer und unentspannter gemacht. Ich wollte mir unbedingt beweisen, dass ich alles allein hinkriegen konnte.

Inzwischen habe ich verstanden, dass eben nur ich seine Mama bin, egal, ob ich manchmal unsicher oder schlechter in etwas bin als andere, und ich kann toll finden, wenn er viele Menschen um sich hat, die ihn mögen. Was die schlauen Tipps angeht, habe ich mich ebenfalls entspannt, einerseits, weil sie mit zunehmendem Kindesalter weniger werden, und zweitens, weil ich immer besser auf Durchzug schalten kann, je mehr Selbstbewusstsein ich gewonnen habe. Hilfe ist für mich nicht mehr nur ein Eingeständnis von Schwäche, sondern auch nett und praktisch. Trotzdem habe ich bis jetzt – und mein Sohn wird demnächst zwei – genau ein einziges Mal eine Freundin um Hilfe gebeten, und das auch nur, weil der Kieferchirurg sich geweigert hat, mir mit Kind auf dem Schoß ein Gewinde in den Kiefer zu operieren. Und auch sonst verbringe ich tagelang mit krankem Kind allein zu Hause, sitze mit einem tobenden Rumpelstilzchen stundenlang im Wartezimmer vom Arzt oder gehe trotz Mandelentzündung und Fieber auf den Spielplatz, statt den Babysitter zu bestellen. Selbst als mein Sohn fast zwei Wochen am Stück krank war, jede Nacht mindestens alle zwei Stunden aufgewacht ist und ich dementsprechend wenig schlafen konnte, habe ich niemanden um Hilfe gebeten, sondern meinen Mann, der irgendetwas Wichtiges bei der Arbeit hatte, sogar noch ins Hotel verfrachtet und die starke Mama gemimt. So lange, bis ich bei den Tageseltern hemmungslos in Tränen ausgebrochen bin. Sie hatten den Fehler gemacht, mich zu fragen, wie es mir geht. Dafür, dass sie mir nach meiner Heulattacke ihre Hilfe aufgezwungen haben, bin ich ihnen ewig dankbar. Ich hätte nämlich nicht darum bitten können.

Es ist wirklich so dämlich! In meinem Bekannten- und Freundeskreis bieten wir Mütter uns ständig unsere Hilfe an, sagen so etwas wie: »Aber hey, ruf wirklich an, wenn was ist!«, und wir meinen es auch immer so, aber keine macht es. Deshalb konnte ich bis jetzt nur ein einziges Mal helfen. Ich habe vor Freude in die Hände geklatscht, als mich eine Freundin bat, ihre Tochter von den Tageseltern abzuholen und auf sie aufzupassen, bis sie vom Arzt zurück war. Endlich machte mal eine etwas, das normal sein sollte: um Hilfe fragen, sie bekommen und das alles selbstverständlich finden.

Dafür, dass es für mich noch nicht normal ist, muss ich wohl nicht nur mir selbst, sondern auch dem Mythos der perfekten Mutter in den Arsch treten, dem zufolge eine perfekte Mutter keine Hilfe braucht, weil sie demütig jede noch so beschissene Situation mutterseelenallein erträgt. Die einzig legitime Unterstützung einer perfekten Mutter scheint die von Familienmitgliedern zu sein. Verbringt ein sehr kleines Kind eine Nacht bei Großeltern und Co., ist das süß und toll, aber als mein Sohn bei seinem Tagesvater übernachtet hat, wurde von manchen Seiten schon etwas sparsam geguckt. Und auch ich selbst ertappe mich bei dem völlig antiquierten Gedanken, dass ein Kind bei Verwandten lustige Spaßzeit verbringt, während es bei Babysittern oder Freunden »untergebracht« oder »geparkt« wird. Für diese beknackten Gedanken müsste ich eigentlich zur Strafe jedes Mal mit Wurstwasser gurgeln. Ich will entspannt Menschen um Hilfe bitten, die mir helfen können, egal, ob sie mit mir verwandt sind oder nicht, ich will diesen verschissenen Perfektionsdrang nicht mehr, und ich will nicht mehr märtyrermäßig jede noch so überfordernde Situation allein ertragen. Nicht einmal Jesus hat sein Kreuz allein getragen, und Ghandi hat auf seinem Salzmarsch bestimmt auch mal jemanden gefragt, ob er kurz auf huckepack kann.

DAS HILFT MIR BEIM HILFEPROBLEM:
- Ich biete immer wieder meine Unterstützung an. Irgendwann wird sie jemand annehmen.
- Ich klatsche mir mit der flachen Hand an die Stirn, wenn der Gewissenskonflikt, dass mein Kind von einem »Nicht-Verwandten« betreut wird, in mir aufsteigt.
- Ich klatsche mir noch doller mit der flachen Hand an die Stirn, wenn ich in den Märtyrer-Modus wechsle und denke, ich muss alles allein schaffen.
- Ich zwinge mich, jemanden anzurufen und um Hilfe zu bitten, wenn ich nicht mehr kann.

Es reicht einfach nie.
Die Selbstvorwürfe, keine perfekte Mutter zu sein.

Jeden Tag, selbst wenn er perfekt war, könnte ich immer schon mittags mindestens zehn Dinge aufzählen, die ich falsch gemacht habe. Nehmen wir zum Beispiel heute:
1. Ich habe beim Frühstück Zeitung gelesen, statt darauf zu achten, dass mein Sohn sich viel zu viel Butter auf sein Brot geschmiert hat.
2. Ich habe mich vor ihm mit dem Mann gestritten.
3. Ich habe ihn beim Wickeln ziemlich übel in die Zange genommen, weil er so gestrampelt hat.

4. Ich habe ihm mein Handy gegeben, obwohl ich eine Minute vorher gesagt habe, er bekommt es nicht.
6. Ich habe sein Zimmer nicht richtig aufgeräumt, sodass es furchtbar ungemütlich aussieht.
7. Ich habe ihm die Strumpfhose von gestern angezogen, weil ich keine Lust hatte, eine frische vom Wäscheständer zu holen.
8. Ich habe in seiner Gegenwart »Fickscheiße« gesagt.
9. Ich habe 5. vergessen.
10. Ich konnte mich wieder nicht von den überhöhten Erwartungen an Mütter lösen.

Das kotzt mich so was von an. Jeden Tag spüre ich den Druck, eine perfekte Mutter sein zu müssen. Wie ein Über-Ich schweben Gesellschaft und Politik mit ihren beknackten Vorstellungen über mir. Mit erhobenem Zeigefinger ermahnen sie mich, dass wir im 21. Jahrhundert leben und ich als Frau für meine Unabhängigkeit sorgen und arbeiten sollte, damit der Mann im Falle einer Trennung nicht für mich aufkommen muss. Gleichzeitig bleibt allerdings der Großteil der Kindererziehung an mir hängen, weil es weder ausreichend flexible Arbeitsmodelle für Eltern noch ausreichend gesellschaftliche Unterstützung von involvierten Vätern gibt.

In die Erziehung quatscht mir dann auch wieder jeder rein, insbesondere die dogmatischen Mütter, die sich für perfekt halten und ihren intoleranten Schwachsinn so laut herausposaunen, dass ich denke, sie seien in der Mehrheit und ich die einzige schlechte Mutter im ganzen Land. Ich merke nicht, dass sie wahrscheinlich unter allen Müttern weniger als zwei Prozent ausmachen, werde unsicher und beginne, mich für meine Entscheidungen, zum Beispiel bei den Themen Abstillen, Impfen oder Bestrafen zu rechtfertigen, obwohl ich erstens genau weiß, was ich will, zweitens diese Dogmatikerinnen bescheuert finde und drittens die Themen, um die es geht, eigentlich für Kleinscheiß halte. Oder ist es für das Seelenheil eines Kindes relevant, ob es die Fünf- oder Sechsfachimpfung bekommt? Eigentlich muss der Rest der Welt doch nur wissen, dass ich mein Kind nicht schlage, es immer genug zu essen hat und emotional nicht vernachlässigt wird. Ich will, dass es glücklich ist, aber wie ich dafür sorge, ist ganz allein meine Sache.

Mir kann keiner erzählen, dass mein Sohn durch die von mir begangenen »Fehler« ein Serienmörder mit Handtaschenfetisch und/oder psychosomatischer Neurodermitis wird. Wobei ich mir sicher bin, dass ich, falls es doch passiert, als Mutter die alleinige Schuld dafür bekomme. Und zwar von allen. Den einen war ich zu streng, den anderen zu lasch, den einen zu egoistisch, den anderen zu familienorientiert, kurzum: Selbst wenn ich mir die größte Mühe gebe, ich werde es für irgendwen immer falsch machen und immer verurteilt werden. Deshalb verschwende ich jetzt so wenig Energie wie möglich darauf, perfekt sein zu wollen. Ich will mich nicht mehr dogmatisch umpusten lassen, sondern lieber meine eigenen Regeln aufstellen.

1. **Ich bin eine gute, ganz normale Mutter.**
2. **Weil alles geht, ist auch nichts verkehrt:** Jeder Mensch kann sein Kind (gewaltfrei) erziehen, wie er will. Das gilt für mich und für alle, die es anders machen als ich.
3. **Mein Kind ist glücklich, wenn ich es bin:** Und ob das mit einem Vollzeitjob oder in einer Großfamilie ist, ich in der Stadt oder auf dem Land wohne oder irgendwas dazwischen, ist ganz allein meine Sache.
4. **Für mein Kind stehe ich gerade:** Es soll sich bei mir im-

mer sicher und geborgen fühlen. Die Verantwortung für sein Wohlbefinden und für den Grundstein seines Lebens nehme ich ernst und mit Stolz an.

5. **Ich bin die Chefin:** Mein Kind ist mein Kind und nicht mein bester Freund. In letzter Konsequenz bestimme ich, wo es langgeht.

6. **Ehrlich stresst am wenigsten:** Ich berichte offen über meine Erfahrungen und Gefühle. So muss ich nicht krampfhaft versuchen, ein Bild von mir aufrechtzuerhalten, dem ich nicht entspreche – das entspannt mich und andere Mütter gleich mit.

7. **Die Konkurrenz schläft für immer:** Ich ziehe keine Vergleiche zwischen meinem und anderen Kindern oder anderen Müttern und mir, zumindest nicht so, dass es zickt.

8. **Ich lebe nicht für mein Kind, ich lebe MIT ihm:** Unser Leben ist die Schnittmenge aus den Bedürfnissen aller Familienmitglieder.

9. **Ich nehme nichts von Fremden:** Vor allem keine schlauen Tipps.

10. **Mein Kind ist alles für mich:** Ich liebe es bedingungslos, aber ich finde es eben auch doof, witzig, großartig, anstrengend, schlau und vieles andere mehr.

So würde ich das NIE machen.
Das Entsetzen darüber, wie andere Mütter
mit ihren Kindern umgehen.

Noch größere Augen als Kinder können nur Mütter machen: Und zwar wenn sie Mütter entdecken, die es anders machen als sie selbst. Zum Beispiel können manche es nicht ertragen, dass ich meinen Sohn erst abends gründlich sauber mache, und bieten mir auf dem Spielplatz immer wieder verzweifelt Feuchttücher für ihn an. Einmal hat mich dort sogar eine Mutter zur Seite geschubst, um mein (!) Kind davon abzuhalten, die Banane zu essen, die vorher in den Sand gefallen war. Ja, wenn es um Kinder geht, hört der Spaß auf. Dinkelstange oder Butterkeks, Globuli oder Fieberzäpfchen, Anbrüllen oder Weglächeln, der Perfektionsdruck macht jede Frage zur Grundsatzentscheidung. Jede Mutter, die es anders macht, wird angeglotzt und abgeurteilt. Das mache ich leider auch oft so. Ich lästere über die, die ihr Kind stillt, bis es in die Schule kommt, oder mache mich über die lustig, die mit ihrem Kind auf dem Spielplatz frühfördernd Englisch spricht und sich dabei anhört wie Lothar Matthäus.

Dieses Lästern kann sehr amüsant und hilfreich sein. Je dümmer ich die andere Mutter dastehen lasse, desto perfekter fühle ich mich schließlich. Das stärkt zwar kurzfristig mein Selbstbewusstsein, macht aber leider meine Art der Kindererziehung nicht richtiger. Überhaupt gibt es kein Richtig, sondern eben immer nur ein Anders.

Es ist doch furchtbar, wenn auf dem Spielplatz nur die Mütter miteinander reden, die sich schon kennen, und sich auf alle anderen stürzen, die das kleinste Fehl- beziehungsweise Andersverhalten zeigen. Vor einiger Zeit bekam ein Kind auf einem Spielplatz einen üblen Wutanfall. Ich saß, genau wie die anderen Mütter, einfach nur da, starrte oberschlau die Situation an und urteilte, dass die Mutter nicht richtig damit umging. Inzwischen ist mir mein Verhalten peinlich. Wer war ich denn, dass ich meinte, mich über die Situation stellen zu können? Weder kannte ich Mutter und Kind, noch wusste ich, was gerade vorgefallen war, geschweige denn irgendetwas über die Familie.

Bei aller Verschiedenheit sollten wir Mütter doch lieber zusammenhalten und uns nicht das Leben noch extra schwer machen. Warum auch? Staat, Gesellschaft und das gesamte Umfeld kriegen das doch prima allein hin. Ich werde zur Rabenmutter gemacht, weil ich wieder arbeiten will. Das Arbeiten geht aber kaum, weil in meiner Branche halbtags arbeiten ungefähr so praktikabel ist, wie ohne Arme zu flippern. Weil ich mein Kind trotzdem nur halbtags in Betreuung geben möchte, bin ich plötzlich eine Glucke. Und so weiter. Ich finde, es gibt für uns Mütter schon so viele Schwierigkeiten, dass wir uns untereinander so wenige wie möglich machen sollten. Damit ist nicht gemeint, dass wir uns alle verständnisvoll in die Arme fallen und uns grundsätzlich total okay finden sollen. Aber es wäre doch was, wenn ich beim nächsten Mal der Mutter mit dem Wutkind ein aufmunterndes Lächeln schenke und mein Sohn ohne Feuchttücher und fremde Spuckefinger seine Banane mit Sandpanade essen kann.

SO GEHE ICH MIT ANDERSERZIEHENDEN UM:
- Ich versuche, nicht zu glotzen, sondern zu lächeln.
- Ich sage mir: Sie machen es nicht falsch, nur ANDERS.
- Ich verschiebe das Lästern auf später. Erst am Abend be-

richte ich dem Mann über die anderen Methoden. Das schweißt zusammen, und damit klopfen wir gleichzeitig ab, ob wir in Erziehungsfragen noch konform gehen.

- Ich mache einen Witz. Über die anderen Eltern oder, noch besser, über mich selbst.
- Sind Eltern unterschiedlicher Meinung auf einem Haufen, spreche ich konfliktreiche Themen gleich an, und wir beschließen gemeinsam, wie wir reagieren, zum Beispiel, wenn die Kinder sich streiten, oder ob sie Schnuller, Trinkflaschen etc. tauschen dürfen.
- Machen Eltern etwas anders als ich, frage ich nach. Und ganz oft gibt es, statt Zündstoff für die Lästerstunde am Abend, spannende Tipps, auf die ich selbst nie gekommen wäre.

Lass mal, ich mach das eben.

Die Erschöpfung, weil bei Mama alles schneller geht.

Eigentlich wollte ich mit diesem Text meinem Mann einen Arschtritt verpassen. Weil ich das Gefühl habe, dass ich ständig »Lass mal, ich mach das schon« sage. Und im ersten Jahr war das tatsächlich so, allerdings nicht, weil der Mann sich drücken wollte:

Ich war ein ganzes Jahr mit dem Kind zu Hause und aufgrund meiner Erfahrung quasi schon zur Geschäftsführerin befördert worden, während der Mann auf dem Gebiet Kinderpflege und -erziehung noch Praktikantenstatus hatte. Er gab sich Mühe, aber ich konnte nicht nur besser stillen, sondern auch schneller wickeln und anziehen. Und wenn ich die Wickeltasche vielleicht nicht schneller packen konnte, dann auf jeden Fall vollständiger. Wenn ich unseren Sohn beruhigen musste, wusste ich genau, wie ich ihn festhalten, streichen und schuckeln musste, damit er wieder einschlief. Und wenn ich mich danach aus dem Kinderzimmer geschlichen habe, wusste ich genau, welche Diele knarrt. Hat der Mann eine dieser Aufgaben übernommen, schuckelte er immer ein bisschen zu doll, sang ein bisschen zu laut und erwischte grundsätzlich die knarrende Diele, so dass alles wieder von vorn losging. Und das in einer Zeit, in der ich für jede Minute Schlaf zwanzig Liegestütze gemacht hätte (ich hätte es zumindest versucht). Ich kümmerte mich also selbst darum und dachte genervt: »O Mann! Der kann ja gar nichts. Beim nächsten Mal mache ich es gleich selbst!« Inzwischen finde ich das ziemlich überheblich und doof von mir, ich hatte schließlich zehn Stunden mehr pro Tag, um mir diese Fähigkeiten anzueignen beziehungsweise um das Kind an meine Art zu gewöhnen. Aber anstatt den Mann dabei zu unterstützen, dass er das, worin ihm die Routine fehlt, lernt und öfter macht, habe ich es lieber selbst erledigt. Klar, manchmal einfach nur, weil ich schneller wieder schlafen wollte. Aber in Wahrheit habe ich mich lieber selbst ums Kind gekümmert, weil ich nicht loslassen konnte. Ich bin dem Mann mehr als einmal nachgelaufen und habe ihm das schreiende Kind aus dem Arm genommen. Nicht so sehr, weil ich ihm nicht zugetraut habe, dass auch er es beruhigen konnte, sondern weil ich immer sofort Schuldgefühle bekam, wenn sich jemand anderes um meinen weinenden Sohn kümmerte. Ich habe mich sofort als schlechte Mutter gefühlt, wenn der Mann sich im Kinderzimmer ums brüllende Kind kümmerte, während ich im warmen Bett lag. Hatte ich es selbst auf dem Arm, konnte ich das Geschrei besser aushalten, schließlich tat ich dann, was im gemeinen Sinn von einer Mutter erwartet wurde, ich kümmerte mich aufopferungsvoll um mein Kind.

Ein beschissener Teufelskreis: Ich wollte, dass wir uns gleichberechtigt kümmern, konnte aber nicht loslassen, gab dadurch dem Mann nicht ausreichend Möglichkeiten zu üben, gewöhnte das Kind immer mehr an meine Methoden und drängte mich so bei anstrengenden Situationen (Zähne kommen oder Erkältung geht nicht weg) selbst in die Hauptrolle.

Den ersten Tritt hätte also eigentlich nicht der Mann, sondern ich verdient, weil ich nicht zugelassen habe, dass er von Anfang an alles zu gleichen Teilen macht. Dass er das wollte, ist ja bei Weitem noch nicht selbstverständlich. Mir rollen sich regelmäßig die Fußnägel auf, wenn ich von anderen Vätern höre, die sich mit Absicht dumm anstellen, damit die Mutter kommt und wickelt, beruhigt und alles erledigt, was anstrengend ist und Verantwortung bedeutet. Es gibt tatsächlich Väter, die sagen ihrer Frau gönnerhaft, dass sie mal ausschlafen soll, um nach fünf Minuten wieder im Schlafzimmer zu stehen, weil sie nicht wissen, was das Kind frühstückt. Und als ich vor Kurzem einen jungen Vater traf, sagte dieser tatsächlich wortwörtlich über die Nächte mit seinem wenige Wochen alten Kind: »Also ich schlafe super, aber meine Frau muss halt ständig raus.« Diese Säcke sollten mal schleunigst ihre Ärsche hochkriegen, und zwar nicht nur, damit ich ordentlich reintreten kann.

DAS WÜRDE ICH JETZT ANDERS MACHEN:
- Ich würde von Anfang an dem Mann alles zutrauen und ihn alles machen lassen.

- Ich hätte nicht mehr so große Schuldgefühle, wenn sich der Mann (oder jemand anders) in anstrengenden Situationen ums Kind kümmert.

GESUNDHEIT & ENTWICKLUNG

Müsste er das nicht schon lange können?
Die Sorge um die Entwicklung des Kindes.

Mein Sohn war im ersten Jahr immer zu spät. Am besten beschreibt folgende Situation seine sehr gemütliche Entwicklung: Er liegt beim PEKIP rum und glotzt durch die Gegend. Rechts schiebt ein anderes Kind im Stechschritt mit dem Laufwagen an uns vorbei. Mein Sohn liegt rum und glotzt. Links von uns schiebt ein weiteres Kind ein Bobbycar, auf dem ein anderes Kind sitzt und hupt. Mein Sohn? Dreht sich auf den Bauch und wundert sich über die neue Perspektive. Als seine Kumpelfreundin schon lange lief, machte er etwas, das sich erst Wochen später als Krabbeln herausstellen sollte. In dieser Zeit hatte ich doppeltes Glück: Denn erstens waren die Mütter in meinem direkten Umfeld, sowohl die vom PEKIP als auch die Mutter seiner frühreifen Freundin, super. Wir konnten entspannt Witze über die offensichtlich sehr unterschiedliche Entwicklung unserer Kinder machen. Zweitens war es mir, obwohl ich sonst eigentlich immer zu den Oberschissern gehöre, zum Glück egal, wann er was kann. Und die Fragen »Kann er sich schon drehen?« (ab drei Monaten), »Robbt er schon?« (ab vier Monaten), »Krabbelt er schon?« (ab fünf Monaten), »Läuft er schon?« (ab neun Monaten), »Spricht er schon?« (ab elf Monaten) haben mich nur genervt und nicht beunruhigt. Aber wie fühlen sich bloß die Mütter, die sich wirklich Sorgen machen? Wenn sie auf diese Fragen mit »Nein« antworten und folgende Reaktion dämlicher Vergleichsmütter ertragen müssen: Erst ein kurzes, aber etwas zu langes Schweigen, dann ein angeblich wertungsfreies »Ach so«. Ebenfalls die Pest sind Mütter, die über die Entwicklung anderer Kinder ihr mickriges Selbstbewusstsein aufpolieren wollen. Von denen kommt meistens die scheinbar erstaunte Frage »Ach, er läuft noch gar nicht?«, und man kann förmlich sehen, wie sie im Geist schadenfroh die Becker-Faust machen. Diesen Müttern wünsche ich kreisrunden Haarausfall und einen nässenden Nagelpilz. Übrigens: Nicht nur andere Menschen, sondern auch Bücher oder Webseiten können einen verrückt machen. Dort wird mit Entwicklungstabellen und Co. ständig versucht, etwas in ein Schema zu pressen, was sich nicht in ein Schema pressen lässt: Kinder. Wie froh bin ich, dass ich mir aus diesen Vergleichen immer einen Spaß machen konnte, insbesondere mit dem Klassiker »Oje, ich wachse«, denn mein Sohn konnte wirklich gar nichts, was er laut Buch können sollte. Zum Beispiel:

»Es kann ein einfaches dreiteiliges Puzzle zusammensetzen.«

Er hat zwei Teile weich gespeichelt. Das dritte ist verschwunden.

»Es findet selbst ein Objekt, das es als Laufhilfe benutzt.«

Er zieht sich am Wohnzimmertisch hoch, schwankt ein bisschen und fällt wieder um.

»Es stellt sich auf den Kopf, ehe es mit Ihrer Hilfe einen Purzelbaum schlägt.«

Er krabbelt und hält manchmal an, um an einer Teppichfranse zu lutschen.

»Wenn Sie fragen, ›Wo ist deine Nase?‹, zeigt es auf seine Nase.«

Er schaut orientierungslos im Raum umher, will auf seinen Vater zeigen, und sticht sich dabei ins Auge.

»Es versteckt selbst etwas, das jemand anderem gehört, wartet und lacht, wenn der andere es findet.«

Er spielt mit etwas, verliert das Interesse, lässt es liegen, krabbelt weg und erkennt es nicht wieder, wenn der andere es findet.

»Es bürstet seine Haare.«

Er hat keine Haare. Aber er haut sich mit der Bürste.

»Es pustet sein Essen kalt, bevor es einen Bissen nimmt.«

Er versucht, sein Essen zu kühlen, indem er es durch die Luft wirft. Danach schreit er, weil er Hunger hat.

DARUM MACHE ICH MIR KEINE SORGEN
UM DIE »RICHTIGE« ENTWICKLUNG:

- Ich vertraue meinem Kind. Er macht das schon. Hat er bis jetzt ja auch gemacht.
- Ich lese diese Entwicklungstabellen im Internet und in Büchern nicht mehr.
- Kann ich nicht anders und muss diese Tabellen trotzdem lesen, versuche ich, mir eine amüsierte Distanz zu bewahren, zum Beispiel, indem ich das Kind zu etwas auffordere, das es laut Plan können muss (hierfür besonders zu empfehlen: »Oje, ich wachse!«).
- Ich versuche zu vergleichen, wann Kinder im Alter meines Sohnes was (zum Beispiel Krabbeln oder Laufen) gemacht haben. Dann weiß ich wieder, dass bei so vielen Unterschieden Vergleichen überhaupt keinen Sinn macht.
- Will ich wissen, wann so ungefähr irgendwas in der Ent-

wicklung passieren kann, gucke ich in Remo Largos
»Babyjahre«.

- Ich mache mit anderen Müttern Witze über die Kinder.
Das entspannt meistens alle, und die Vergleicherei hört
auf. Und zu Müttern, die darüber nicht lachen können,
halte ich Sicherheitsabstand.

Was hast du denn?
Die Ratlosigkeit bei schreienden/weinenden/schweigenden
Kindern.

Diese Baby-Zeichensprache, die jungen Eltern in Kursen
beigebracht wird, finde ich nur halb gut. Das wäre anders,
wenn man dort den Kindern auch die Zeichen für »Ich weiß
selbst nicht so genau; ich glaube, ich kann irgendwie nicht
einschlafen« oder »O Mann, heute ist so viel passiert, das
muss ich erst mal verarbeiten« beibringen würde, in diesem
Fall wäre ich sogar bereit gewesen, sehr viel Geld für diesen
Kurs zu bezahlen. Mein Sohn hat nämlich aus mir schleierhaften Gründen in seinen ersten Lebensmonaten so viel gebrüllt, dass ich oft nicht mehr wusste, was ich machen sollte;
ich hatte die Windel überprüft, ihn gestillt, wohltemperiert
angezogen, er war ausgeschlafen, und sein Bauch war weich.
Auch wenn ich ihn auf den Arm genommen habe, hat er gebrüllt, gebrüllt, gebrüllt. Ich habe ihn so oft vor mir hochge-
halten und ihn, häufig ebenfalls weinend, gefragt: »Was hast
du denn? Was soll ich denn noch machen, damit du endlich aufhörst zu weinen?« Es hat mich verrückt gemacht;
schließlich wollte ich ja unbedingt, dass es meinem Sohn

gut geht und dass er sich wohl bei mir fühlt. Wenn ich draußen mit ihm unterwegs war und er wie am Spieß brüllte, während ich ihn im Kinderwagen durch die Gegend schob, war es besonders schlimm. Die Leute guckten und straften mich mit Blicken ab, weil ich mein Kind irgendwann einfach schreien ließ. Oder sie beugten sich in den Kinderwagen und fragten mit besorgter Stimme: »Was hast du denn?« Manchmal hätte ich ihnen gern das Kind und meine Telefonnummer in die Hand gedrückt und gesagt: »Keine Ahnung, aber wenn Sie es herausgefunden haben, rufen Sie mich an. Ich hol jetzt meine Stiefel vom Schuster.« Aber ich war leider nicht schlagfertig, sondern nur frustriert und verzweifelt. Ich habe mich so furchtbar gefühlt, weil ich nicht dafür sorgen konnte, dass es meinem Kind bei mir gut geht. Und als mich dann das Gebrüll nicht nur nervös machte, sondern auch nervte, wurde es noch schlimmer. Wie bin ich nur auf die Idee gekommen, ein Kind haben zu wollen? Ganz offensichtlich wusste ich nie, was es hat, und konnte es demzufolge auch nicht glücklich machen. Dass sein Verhalten normal war, weil ja schon »nicht schreien« als Indiz für zufrieden gilt, bis das Kind lächeln kann, war für mich keine Entschuldigung. Erst nachdem er mir die ersten Male sein zahnloses Lächeln geschenkt hat, wurde es besser. Er schrie immer weniger, und ich merkte, dass es ihm die meiste Zeit gut ging. Irgendwann fing ich an, unsicher zu werden und mir Sorgen zu machen, wenn er NICHT brüllte; als er eine Lungenentzündung hatte und so schlapp war, dass er nicht einmal mehr weinen wollte, zum Beispiel. Er hing auf meinem Arm rum und machte nichts. In diesem Moment habe ich mir sehnlichst gewünscht, dass er mit mir kommuniziert, sogar durch Anschreien.

Ach, wie sehne ich den Tag herbei, an dem er endlich auf

meine Frage »Was hast du denn?« eine Antwort geben kann, die uns allen weiterhilft. Wenn er nicht mehr denkt, Aua ist das Wort dafür, dass wir nachts an sein Bett kommen, und nicht mehr auf jede Frage von »Hast du Zahnschmerzen?« bis hin zu »Möchtest du gern dein Zimmer mit Pyramiden aus dem Erzgebirge vollstellen?« mit Ja antwortet.

DAS MACHE ICH, WENN ICH NICHT WEISS,
WAS DAS KIND HAT:

- Ich probiere alles aus, worauf ich Einfluss habe. Wenn alles vergeblich ist, halte ich mein Kind fest und sage mir, dass wir ja auch mal einfach so schlechte Laune haben und dass ich mein ganzes Leben lang keine Antwort auf die Frage bekommen werde.
- Ich sehe zu, dass ich nicht zu viel allein mit dem schreienden Kind bin, weil ich dann die Verantwortung und die nervliche Belastung leichter ertragen kann.
- Ich frage befreundete Mütter um Rat beziehungsweise nach Unterstützung.

Hier steht, er hat mindestens Krebs!
Die Panik beim Googeln von Krankheitssymptomen & Co.

Ich suchte Rat und Zuspruch, und alles, was ich fand, waren Panik, Besserwisserei und Moralkeulen. Das Internet nach Kinderkrankheiten zu befragen, ist alles andere als eine gute Idee. Während Seiten wie netdoktor oder medinfo noch relativ neutral Symptome, Verlauf und Behandlung erläutern, sind Internetforen eine echte Parallelwelt:

In dieser Welt ist keine Krankheit harmlos. Bei keinem einzigen Symptom kann geraten werden, mal ein paar Tage abzuwarten, hier ist alles schlimm und schrecklich und bedrohlich. Vor allem gibt es in dieser Parallelwelt nicht einen einzigen Kinderarzt, der eine richtige Diagnose stellen kann, geschweige denn die richtigen Medikamente verschreiben. Hier fegen Mütter die Arztdiagnosen vom Tisch, stellen neue und bestimmen im Feldwebelton alle weiteren Schritte. Dass sie Recht haben und die Hilfe suchende dumme Mutter alles falsch und schlecht macht, versteht sich von selbst – und diese Einstellung wird auch in dieser Deutlichkeit herausgepöbelt.

Das erste Mal gelangte ich in diese Parallelwelt, als ich wissen wollte, ob ich als Schwangere beim Schwimmengehen etwas beachten muss. Danach hatte ich tatsächlich kurzfristig ein schlechtes Gewissen, und zwar nicht, weil ich nach einem Bauchklatscher vom Fünfer ungeschützten Gruppensex in der Sauna hatte, sondern weil ich erst ohne Badetampon (?!) ins Wasser gegangen bin und danach eine kleine Cola light getrunken habe.

Als das Kind dann auf der Welt war, wurde es noch schlimmer. Ich habe mir nach ein paar Panik-Berichten fast ins Hemd gemacht und nächtelang im Kinderzimmer geschlafen, weil ich gelesen hatte, dass jeder Husten auch ein Zeichen für eine Herzmuskelentzündung sein kann. Den Husten wollte ich dann, wie knuddelmami666[1] empfohlen beziehungsweise befohlen hatte, mit einer Pampe aus Zwiebeln und Zucker statt mit Hustensaft bekämpfen. Seltsam eigentlich, dass hier aufgrund der Empfehlung von Zucker nicht sofort ein heftiger Shitstorm folgte; schließlich ist Zu-

---

1 Name von der Autorin geändert

cker ja genauso der leibhaftige Teufel wie Fernsehen und verfrühtes Abstillen. Noch seltsamer, dass erstaunlich viele Krankheiten mit Hausmitteln und Homöopathie behandelt werden, obwohl sie doch eigentlich grundsätzlich lebensbedrohlich sind. In unserem Fall war der Husten wirklich nur ein Husten, und der einzige Effekt der Zwiebelpampe war, dass unsere Küche gestunken hat.

Eigentlich ist ja klar, dass auch in Mütterforen die Zahl der notorischen Nörglerinnen und der zwanghaften Schwarzmalerinnen überwiegt, denn das ist in so gut wie jedem Forum so. Bei Produkttests oder Hotelberichten wird ja auch eher verrissen als gelobt. Aber wenn jemand wissen muss, wie schrecklich es ist, Angst um sein Kind zu haben, dann ja wohl Mütter. Dass sie sich trotzdem, ohne mit der Wimper zu zucken, trauen, übers Internet schlimme Krankheiten zu diagnostizieren, anderen Müttern ärgste Vorwürfe für ihr Verhalten zu machen, ihnen Schuldgefühle aufzuladen und in einem überheblichen, rechthaberischen Ton zu sagen, was sie ab jetzt tun und lassen sollen, das macht mich immer wieder aufs Neue sprachlos. Deshalb google ich auch nur noch Krankheiten, wenn mein Kind gerade gesund ist und ich Lust habe, mich zu wundern oder aufzuregen.

WAS ICH MACHE, WENN ICH MICH UM MEIN KRANKES KIND SORGE:

- Ich habe mir selbst Forenverbot erteilt, zumindest dann, wenn das Kind krank ist. Wenn schon Internet, dann Wikipedia, das ist die nüchternste und verlässlichste Quelle im Internet, sagt der Kinderarzt.
- Falls ich doch nicht anders kann, weise ich die schlimmsten Kommentierer in den Foren auf ihren unangebrachten Ton und die sehr forsche Diagnose hin.

- Ich überlege mir, welche anderen Eltern eine ähnliche Einstellung haben wie ich, und frage nur die (!) um Rat.
- Ich vertraue auf meine Intuition. Spüren, ob das Kind etwas Ernstes hat oder nicht, ist, sofern die Hilflosigkeit noch nicht allzu weit fortgeschritten ist, gar nicht so schwer und eine ziemlich verlässliche Methode.
- Ich rufe bei meinem Kinderarzt an. Wenn ich das Gefühl habe, die halten mich für eine hysterische Kuh, frage ich sie, ob sie mich für eine hysterische Kuh halten. Die werden nie im Leben Ja sagen.

DIE KINDERERZIEHUNG

Es ist nur eine Phase.
Die Demut vor der plötzlichen Unberechenbarkeit.

Seit ich Mutter bin, gibt es nur einen Satz, den ich öfter gesagt habe als »Danke, den Bon brauche ich nicht«, und der
lautet »Es ist nur eine Phase!«. Dieser Satz ist das verbale
Valium für alle Mütter, deren Kinder plötzlich nicht mehr
schlafen, essen oder trinken wollen, um sich hauen, Sachen
durch die Gegend werfen, sich nicht mehr wickeln oder
anziehen lassen wollen und komplett ausflippen, weil Rot
nicht Grün ist oder die Tür nach innen aufgeht.

Als der Sohn noch sehr klein war und wir beide uns
noch nicht so gut kannten, lief es in diesen »Phasen« immer gleich ab: Von einer Stunde auf die nächste wurde seine
Laune schlecht, ich wurde unsicher und begann alle in Frage
kommenden Faktoren abzuklopfen, Windel voll, Hunger,
Klamotten zu eng oder warm, Bauchweh und so weiter. Lag
es nicht daran, und seine schlechte Laune blieb, nahm ich
mir »Oje, ich wachse« zur Hand und guckte im Diagramm,
ob über seinem Alter eine Gewitterwolke schwebte. Das
tat sie fast immer, was laut den Autoren hieß, es handelte
sich um einen Schub, weshalb ich mir sagen konnte, man
wird es schon ahnen, »es ist nur eine Phase«. Herrschte bei
»Oje, ich wachse« jedoch strahlender Sonnenschein, guckte

ich alle zwei Stunden in seinen Mund und versuchte, einen neuen Zahn oder zumindest einen halbwegs weißen Hubbel zu finden, der als Erklärung für seine schlechte Laune und als Versicherung dienen konnte, dass sie wieder vorbeigehen würde. War auch in seinem Mund nichts Auffälliges zu sehen, zuckte ich mit den Schultern und sagte mir dann halt ohne Begründung: »Es ist nur eine Phase.« Was aber leider nicht gleichbedeutend damit war, dass ich Juniors schlechte Laune und/oder Schlafverhalten besser aushielt, denn obwohl ich es mir immer wieder versicherte, konnte ich mir nicht vorstellen, dass es nur eine Phase war. Jedes Mal war ich mir sicher, dass es nie mehr aufhören würde, dass sich jetzt das wahre Wesen meines Sohnes entpuppt hatte, dass er von nun an bis zum Stimmbruch dreimal die Nacht schreiend aufwachen und tagsüber ausschließlich jammernd an meinem Bein zerren würde. Ich erinnere mich, dass mich der Mann an einem besonders anstrengenden Tag aufmuntern wollte, und wie hätte er es anders tun sollen als mit den Worten »Es ist nur eine Phase!«. Ich, den Tränen nahe, entgegnete verzweifelt: »Wenn das so ist, dann gibt es die guten Phasen nur, damit ich Kraft für die nächste schlechte sammeln kann.«

Inzwischen habe ich mich bei der Phasengeschichte etwas entspannt. Wir haben einige durchlebt, und jedes Mal wurde mein Sohn vom beleidigten Stinkstiefel wieder zum lustigen Superkind. Auch wenn ich das Gefühl hatte, er würde nie damit aufhören, mir (zumindest ohne Grund) an den Haaren zu reißen, Papier zu essen oder beim Anblick jedes unerreichbaren Handys in wütendes Gebrüll auszubrechen, irgendwann war jede Phase vorbei. Diese Erfahrung hat dafür gesorgt, dass ich sie mit mehr Demut ertragen kann. Habe ich bei seinen ersten Zähnen zum Beispiel noch alles von kalten Löffeln über Sophie la Giraffe bis hin zu Beißring und Osanit probiert, mache ich inzwischen vor allem eines: mir so wenig Stress wie möglich. Ich warte ab. Ich nehme es hin. Klar bin ich genervt und finde es anstrengend, aber inzwischen habe ich ein bisschen besser verstanden, dass es wirklich »nur eine Phase« ist.

Es gibt jedoch zwei Ausnahmen: Ich werde so fatalistisch wie in seinen ersten Lebensmonaten, wenn er eine seiner Phasen hat, in der er schlecht schläft. Zwei unruhige Nächte reichen bei mir aus, dass ich mit Augenringen wie Satteltaschen in meine Zukunft blicke und darin nur noch einen Schatten meiner selbst sehe. In dieser Horrorphantasie verlässt mich der Mann für eine aufgeweckte Kollegin, und ich verursache durch Sekundenschlaf einen Verkehrsunfall mit mehreren Todesopfern. Wer mir da kommt mit »Ja, aber das ist ja auch nur eine Phase«, wird sofort Statist in meiner Unfallphantasie, und zwar nicht als Rettungswagenfahrer.

Der andere Moment, in dem ich absolut gar nichts von Phase hören will, ist, wenn es gut läuft. Ich mache mir nämlich nur ungern die schöne Zeit durch den Gedanken kaputt, dass das Glück bald wieder vorbei und mein Sohn bald nicht mehr lustig, süß, artig und Superschlafkind ist. Muss ich auch gar nicht, denn das erledigen andere gern. Die Netten von ihnen sagen »Genieß es, so lange es dauert«, und die Doofen, Missgünstigen ersticken jede entspannte Stimmung im Keim und drohen »Das kann sich jederzeit wieder ändern«. Das sind die, die nur auf die nächste anstrengende Phase warten, damit sie altklug »Siehste!« nicken und sich ins Fäustchen lachen können. Aber ohne mich! Denn ich habe nicht nur gelernt, dass eine Phase wirklich eine Phase ist, sondern auch, dass ich bestimmten Leuten besser weismache, meine »Alles-super«-Phase dauere jetzt schon fast zwei Jahre.

DAS MACHE ICH IN SCHLECHTEN PHASEN:

- Ich verlasse das Haus und treffe mich mit befreundeten Müttern. Meistens steigt die Laune von Sohn und Mutter mit der Ablenkung.
- Ich rede mit Freundinnen, deren Kinder im gleichen Alter sind und somit meist in den gleichen Phasen stecken. Wenn nicht, kriege ich trotzdem Zuspruch, weil ja von ihnen jede weiß, wie das ist.
- Ich sage mir immer wieder, dass es nur eine Phase ist und dass er nicht mit Absicht doof ist, sondern weil er sich nicht wohlfühlt.

Jetzt bin ich doch die Sklavin.

Die Unzufriedenheit darüber, dass das Kind die Kontrolle übernommen hat.

Es fängt ganz harmlos an. Es ist schließlich sooo niedlich und kuschlig, wenn das Kind auf dem Arm einschläft. Es ist ja auch wirklich kein Problem, ein bisschen leiser zu sein, damit das Kind nicht wach wird. Und es macht mir auch ganz bestimmt nichts aus, etwas unbequemer zu liegen, wenn das Kind so besser toben/schlafen/essen kann. Diese verliebten Zugeständnisse gehen so lange gut, bis sich der Rücksichtsteufel einschleicht und aus dem harmlosen Liebesbeweis ein gefühlter Kontrollverlust wird. Wenn mein Kind die zehnte Nacht auf meinem tauben Arm einschläft, bin ich nicht mehr verliebt, sondern nur noch unzufrieden. Am nächsten Morgen liege ich in einer Position, die ich vorher nur beim chinesischen Staatszirkus gesehen habe, damit das Kind noch eine halbe Stunde weiterschlummert und nicht gleich losbrüllt. Dabei könnte ich selbst ausflippen!

Vor meinem Kind habe ich Mütter belächelt, die sich so zur Sklavin ihres Kindes haben machen lassen. Für diese Überheblichkeit schäme ich mich inzwischen sehr, aber ich hatte wirklich keine Ahnung, wie schnell das mit dem Rücksichtsteufel gehen kann. Da kriegt der Sohn eine schlimme Grippe, Zähne oder die Wut, und schon ist es passiert. Er gewöhnt sich an Sonderbehandlungen, mit denen ich ihn erst voller Liebe (Phase eins) und dann ein bisschen widerwillig (Phase zwei) verwöhne.

Schließlich kommt Phase drei. Ich werde wütend und furchtbar unzufrieden, weil ich überhaupt nicht mehr machen will, was mein Kind inzwischen wie selbstverständlich einfordert: Ich sitze in seinem Zimmer auf einem winzigen Stuhl und gucke ihm beim Malen zu, dabei halte ich ihm, orthopädisch unerfreulich, meinen Kopf entgegen, damit er bequem in meinen Haaren drehen kann. Darüber hinaus verzichte ich auf Telefonate, um seinen Wutanfall zu vermeiden, wenn er nicht mit dem Handy spielen darf.

Es ist schrecklich. Mein Kind hat die Kontrolle übernommen, und zwar nicht nur über meine Zeit und meinen Körper, sondern auch über meine sozialen Kontakte. Ich fühle mich, als wäre mir mein Leben für immer entglitten. Der Rücksichtsteufel, der mich in dieser Phase immer bepöbelt, findet das auch: »Wie armselig, schwach und peinlich. Du lässt dir von einem Einjährigen so auf der Nase rumtanzen! Wie soll denn das noch werden? Du allein bist schuld, wenn dein Kind ein Arschloch wird.« Die Stimmung ist auf unbestimmte Zeit, gern auch länger, vergiftet.

Leider ist diese Zeit der Unzufriedenheit so notwendig wie überflüssig: Irgendwann habe ich nämlich die Schnauze so voll, dass ich schlagartig über die nötige Entschlossenheit sowie Konsequenz verfüge, die Situation nach meinen Vorstellungen zu ändern. Dann mache ich alles so, wie ICH es will, und mir ist egal, dass das Kind kurzfristig zu Captain Amok mutiert, weil ich es wage, mich so hinzulegen, dass es für MICH bequem ist. Ich bin wieder der Chef. Ich habe alles im Griff. Zumindest so lange, bis sich der Rücksichtsteufel das nächste Mal reinschleicht.

WIE ICH MIT DEM RÜCKSICHTSTEUFEL UMGEHE:
- Ich sage mir immer wieder: Es ist nur eine Phase.
- Ich sage mir immer wieder: Der Punkt, an dem ich mir die Kontrolle zurückhole, kommt automatisch. Deshalb versuche ich, in Phase drei so wenig unzufrieden wie möglich zu sein. Wenn mir das nicht gelingt (meistens), sage ich mir wieder, dass der Punkt, an dem ich mir die Kontrolle zurückhole, automatisch kommt.
- Ich spreche mit anderen Müttern. Besser und hilfreicher als alle Ratgeber zusammen sind nämlich andere Mütter, die sagen, dass es ihnen auch immer wieder so geht.

Was stimmt denn jetzt?
Die Unsicherheit, weil jeder Ratgeber
einen anderen Rat gibt.

Ist er warm genug angezogen? Kriegt er beim Stillen genug Milch? Was muss er in seinem Alter alles können? Warum kriegt er vorn keine Haare? Verdammt, ICH WEISS ES NICHT! Als mein Kind auf die Welt kam, war ich das erste Mal in meinem Leben wirklich komplett ahnungs-, hilf- und ratlos und habe mir von ganzem Herzen einen Menschen gewünscht, der mir sagt, was ich zu tun habe. Ich wollte eine Gebrauchsanweisung für diesen kleinen Menschen, ich wollte einen Plan, nach dem ich vorgehen konnte, weil ich selbst überhaupt keinen davon hatte, wie man mit Babys umgeht. Also suchte ich nach Büchern, in deren Titeln Worte wie »Baby« in Verbindung mit »warum«, »wie«, »Antworten« oder »Hilfe« vorkamen. Leider kam mit den meisten dieser Bücher nicht die Erleuchtung, sondern gleich die nächste Katastrophe: Ich war im Seifenblasen-niedlich-Land. Alle Babys hatten Fingerchen und Füßlein, schliefen in kleinen Bettchen, natürlich ohne Deckchen, dafür aber in einem süßen, kuscheligen Schlafsäckchen in gemütlichem Schlummerlicht. Die Mütter in diesen Büchern waren debil grinsende Untote, die niemals schlafen mussten und jeden noch so beschissenen Zustand mit Fassung und Dankbarkeit ertrugen. Vom Wasser in den Beinen über den Dammriss bis hin zum Wochenfluss hießen sie alles sanftmütig willkommen. Selbst der Babyblues kam in diesen Büchern irgendwie niedlich weg und schien als Teil des Ganzen freudig umarmt zu werden. Mein Babyblues war eher ein Babydeathmetal, und ich habe ganz bestimmt nicht vor Freude geweint, sondern weil es mir furchtbar ging. Ich wusste nicht, wie ich das alles schaffen sollte, der Gedanke, für ein Menschenleben verantwortlich zu sein, erfüllte mich mit Panik, die schlaflosen Nächte zehrten an meiner Substanz, die mir schleierhaften Bedürfnisse meines Kindes machten mich hilflos, das sich nicht einstellen wollende Mutterglück beängstigte mich, und ich fragte mich, ob ich das alles wirklich gewollt hatte. In diesem Zustand hatte ich ein so großes Bedürfnis nach beseelten Kuschelratgebern wie danach, in einem bauchfreien Top aus dem Schiebedach einer Stretchlimousine zu winken.

Zum Glück habe ich doch noch ein Buch gefunden, das sowohl das Thema Babyblues als auch andere Reizthemen ehrlich, realistisch und entspannt abhandelt. Den »Rough Guide to Babies & Toddlers« von Kaz Cooke gibt es zwar leider nur in Englisch, aber mir hat dieses Buch besonders in schlechten Zeiten geholfen, weil hier nichts beschönigt wird und ich das erste Mal das Gefühl hatte, dass ich alles auch scheiße finden, ängstlich und überfordert sein darf, weil Wut und Verzweiflung zum Muttersein dazugehören. Das Buch hat ganze Kapitel, die »Sorgen um Neugeborene« oder »Überfordert und deprimiert« heißen, darüber hinaus stellt die Autorin wertfrei unterschiedliche Erziehungsansätze vor, und gibt weiterführende Literaturhinweise und hilfreiche Internetlinks. Sie berichtet ehrlich aus ihrem eigenen Leben und empfiehlt herrlich abgeklärt, diese ekligen Hochglanzbabymagazine voller perfekter Kinderzimmer und gesunder, rosiger Babys einfach mal zum Feuermachen zu benutzen.

Warum suche ich solche Bücher auf dem deutschen Markt vergeblich? Sind die hiesigen Ratgeber-AutorInnen allesamt sehr gut programmierte Maschinen? Spielen bei ihnen zu Hause Themen wie Überforderung, Wut oder Unglücklichsein keine Rolle? Sind sie wirklich immer so besonnen und ruhig und pädagogisch wertvoll? Meine liebste Phantasie zu diesem Thema ist folgende:

Ich hole mein Kind aus der Kita ab. Der Vater von Nina-Talida, Autor des Buches »Hineinfühlen und Weglächeln: Kindlichen Aggressionen mit Liebe begegnen«, versucht seit zehn Minuten, seiner Tochter die Jacke anzuziehen. Sie schreit ihn an, reißt an seinen Haaren, haut ihm ins Gesicht, und er kann unter den prüfenden Augen der anderen Eltern und ErzieherInnen nichts anderes machen als weglächelnd sagen »Nina-Talida, der Papi hat dich immer lieb«.

Ich würde eine mittelgroße Menge Geld darauf verwetten, dass auch dieser Vater das Bedürfnis verspürt, sich seine Tochter einfach zwischen die Beine zu klemmen und gegen deren Willen anzuziehen, um so schnell wie möglich aus dieser unangenehmen Situation zu fliehen, damit er sofort ein Buch zum Thema »Papas Wut ist auch irgendwie total okay« schreiben kann.

Die verständnisvollen Ratgeber, die ewig sanfte Eltern und besonnene Reaktionen voraussetzen, bringen mir nichts, denn wenn ich verständnisvoll und besonnen bin, brauche ich keinen Ratgeber. Ich brauche ihn, wenn ich genervt bin und wütend und überfordert. Und dann sollte mir dieser Ratgeber nicht den Tipp geben, dass ich ruhig bleiben soll, denn DAS SCHAFFE ICH NICHT, VERDAMMTE AXT!!! Ich will nicht wissen, wie ich perfekt wäre, sondern, wie ich am besten mit meiner Wut und meiner Überforderung umgehe.

Deshalb fühle ich mich auch eher gut unterhalten als beraten, wenn ich in der Buchhandlung Titel sehe wie »Die Seele fühlt von Anfang an. Wie pränatale Erfahrungen unsere Beziehungsfähigkeit prägen«, »Was mein Schreibaby mir sagen will« oder auch »Die Psyche des linkshändigen Kindes: Von der Seele, die mit den Tieren spricht«.

Warum ist eigentlich noch nie jemand auf die Idee gekommen, die Ratgeber nach Elterntypen zu sortieren? Schließlich hilft mir als eher strenger Mutter vermutlich ein anderer Rat weiter als einer Mutter mit antiautoritärem Erziehungsansatz. Wenn diese Mutter und ich nun beide auf der Suche nach, sagen wir, einem Ratgeber zum Thema Schlafen sind und diese Ratgeber entsprechend sortiert wären, zum Beispiel nach den Schlagwörtern »Streng & konsequent« und »Sanft & verständnisvoll«, dann könnte ich mir schnell »Jedes Kind kann schlafen lernen« schnappen, die andere Mutter vielleicht »Das DurchschlafBuch«, und wir wären beide glücklich, weil wir unkompliziert das gefunden hätten, was uns als Elterntypen entspricht. Wir könnten das Programm durchziehen und hätten so beide schnell Superschlafkinder. Stattdessen stehen wir beide vor demselben Regal, uns wird vor lauter unterschiedlichen Ratschlägen schwindelig, und am Ende wissen wir nicht mehr, was denn nun richtig ist, und gehen frustriert nach Hause, um die nächste Nacht keinen Schlaf zu bekommen.

Weil mich diese Ratgebervielfalt in den Regalen überfordert hat, halte ich mich der Einfachheit halber an die Klassiker. Regelmäßig gelesen habe ich in Remo H. Largos »Babyjahre«, einem Standardwerk, das unemotional und grandios unniedlich beschreibt, in welchem Alter ein Kind welche Entwicklungsschritte macht. Dabei betont der erfahrene Zürcher Kinderarzt immer wieder, dass alle Kinder sich verschieden entwickeln und seine Aufzeichnungen nur als Richtlinien zu verstehen sind. Gerade weil das Buch so nüchtern geschrieben ist und eigentlich nur sagt

»Wenn dein Kind soundso alt ist, kann es vielleicht das und das, muss aber nicht«, hat es mir so gut gefallen. Es hat mir Orientierungshilfe geboten und mich gleichzeitig beruhigt, wenn mein Sohn mal mit irgendeinem Entwicklungsschritt noch nicht so weit war. Und auch der nächste Klassiker in meinem Ratgeber-Regal hat sich mehr oder weniger erfolgreich das Thema Beruhigung auf die Fahnen geschrieben. An »Oje, ich wachse« haben sich schon Millionen verzweifelter Mütter festgekrallt, wenn ihr Kind komisch, schlecht gelaunt und ätzend war, denn hier können sie nachlesen, dass es sich beim Verhalten ihres Kindes nur um eine Phase handelt. Die Autoren beschreiben die zehn Sprünge in der mentalen Entwicklung während der ersten zwanzig Monate und geben quasi eine Phasengarantie: Alle Sprünge können nämlich laut dem Zeitplan der Autoren fließend ineinander übergehen, so dass sich jedes Kind immer in irgendeiner Phase befindet und die Mutter, wenn ihr Kind doof ist, immer sagen kann, »das ist ein Schub«, woraufhin die anderen Mütter verständnisvoll und wissend nicken.

Neben der Phasengarantie gibt es in »Oje, ich wachse« auch die Phrasengarantie; unter Müttern ist der Spruch »Zurück zu Mama« ein geflügeltes Wort geworden, denn er kommt im Buch häufiger vor als »Ähm« bei Boris Becker.

Das Beste zum Schluss: Mit »Oje, ich wachse« kann man sich prima über sein Kind lustig machen. Denn beschrieben werden nicht nur die Sprünge, sondern auch die daraus resultierenden neuen Fähigkeiten des Kindes, und dabei übertreiben die Autoren so scham- und maßlos, dass es ein großer Spaß ist, das Kind zu all diesen neu erlernten Fähigkeiten aufzufordern, die es garantiert noch nicht kann. Mein Sohn konnte, ohne Witz, NIE etwas, wozu er laut Buch in der Lage sein sollte.

Nach dem »Kategorie-Sprung« zum Beispiel sollte er wissen, dass sowohl ein braunes, ein weißes, ein echtes und ein auf Papier gedrucktes Pferd zur Kategorie Pferd gehören, für ihn gab es allerdings allerhöchstens die Kategorie Tier, die immer, von Schaf bis Käfer, Buh! hieß und auch immer Buh! machte.

»Oje, ich wachse« beschreibt die kindlichen Wachstumsschübe bis zu einem Alter von zirca zwanzig Monaten. Wäre das Buch weitergegangen, müsste mein Sohn jetzt, an seinem zweiten Geburtstag, wahrscheinlich ein Vogelhaus bauen, eine saure Dauerwelle machen und den Verkehr bei einem Ampelausfall regeln können. Ich bin mir zumindest ziemlich sicher, dass die Eltern, die in diesem Buch zu Wort kommen, das über ihre Kinder geschrieben hätten. Womit ich beim allerbesten Teil des Buches wäre, denn wenn in »Oje, ich wachse« Eltern von ihren Kinder berichten, wie die Eltern von Thomas (gut achtzehn Monate), bleibt kein Auge trocken:

»Manchmal möchte er ein Weilchen allein sein. Dann sagt er ›schüs‹, setzt sich ganz allein in sein Zimmer und denkt – so vermute ich – über das Leben nach. Manchmal spielt er dabei ein bisschen. (...) Er braucht diese ›Freiräume‹ offenbar dringend.«

Ich weiß genau, was diese Eltern meinen. Auch mein Sohn hält mir zwischendurch den Zeigefinger an die Lippen, sagt »Schhhh, sag jetzt nichts, Mama!«, stellt sich mit einem Becher Tee ans Fenster und schaut verträumt hinaus. Während er seine zarten Hände am Becher wärmt, summt er leise eine B-Seite von John Lennon und fragt sich, wie es so weit kommen konnte.

ICH HABE MICH MIT FOLGENDEN BÜCHERN
WOHLGEFÜHLT:

- Remo Largo: Babyjahre: Entwicklung und Erziehung in den ersten vier Jahren. 3. überarbeitete Auflage, München 2010, Piper Verlag
- Kaz Cooke: The Rough Guide to Babies & Toddlers. London 2009, Rough Guides
- Annette Kast-Zahn, Hartmut Morgenroth: Jedes Kind kann schlafen lernen. München 2007, Gräfe und Unzer Verlag
- Katharina Mahrenholtz, Dawn Parisi: Babyzeit Kinderzeit: Spielend lernen und verstehen. München 2009, Sanssouci Verlag
- Joanna Simmons, Jay Curtis: An A–Z of Parenting the Under-Fives. 2009, Square Peg

Ich könnte dich ...
Das Erschrecken über die eigene Aggression.

Eine Wand im Kinderzimmer hat einen Riss, den wir »Das Mahnmal« nennen. Ich hatte mich von meinem Kind so wütend machen lassen, dass ich nicht anders konnte, als mit voller Wucht dagegenzutreten. Vorher hatte ich alle anderen Tipps gegen elterliche Wut ausprobiert. Ich habe Kissen verprügelt und ihnen alle Milben aus der Füllung gebrüllt. Ich bin ins Nebenzimmer gegangen und habe bis zehn gezählt. Ich habe laut gesungen. Ich habe immer wieder mit geschlossenen Augen durchgeatmet und mir gesagt: »Das macht er nicht mit Absicht, ich würde ja an seiner Stelle auch probieren, was geht.«

Und probieren, was geht, ja, das macht er. Mein Sohn gehört zu der Sorte Kind, über die andere Menschen höflich sagen »Oh, er hat aber einen starken Willen«, wenn sie eigentlich sagen wollen »Alter, der tobt ja schlimmer als Klaus Kinski«. Wenn er wütet, dann richtig, zum Beispiel, wenn er mit seinem Dreirad in eine andere Richtung will als ich. Dann wirft er sich hin, schreit und haut seit Kurzem sogar seinen Kopf auf den Boden. In diesem Fall kann ich mich danebenstellen und warten, bis er sich beruhigt hat (an guten Tagen muss ich sogar grinsen). Aber ich bin von null auf 180, wenn wir Körperkontakt haben, während er wütet, zum Beispiel, wenn ich ihn trotz Protest anziehen muss und er schreiend versucht, sich aus Jacke, Hose oder Strümpfen zu winden. Oder noch schlimmer, wenn ich ihn in den Fahrradsitz setzen will und er sich durchbiegt und nach mir schlägt. Wenn mich dann richtig die Wut erwischt, packe ich ihn am Arm und quetsche ihn viel zu grob in seinen Sitz oder seine Jacke. Diese Wut, die ich in diesen Momenten empfinde, ist anders als alle Wut, die ich bisher kannte. Sie ist so viel wütender. Vielleicht liegt es daran, dass ich das erste Mal offensichtlich nicht mit logischem Argumentieren weiterkomme. Nur weil ich sage: »Aber mein lieber Sohn, wenn du deine Jacke jetzt nicht anziehst, erkältest du dich und wirst wieder krank. Das willst du doch nicht, oder?«, hört er ja nicht mit dem Toben auf.

Vielleicht könnte ich sagen, ich fühle mich ungerecht behandelt. Schließlich bin ich im Recht, schließlich mache ich ja schon alles, damit es ihm gut geht, und trotzdem tobt er rum. Am allerallermeisten Wut und am allerwenigsten Geduld habe ich, wenn ich nicht genug geschlafen habe. Manchmal, wenn das Kind krank ist und nachts alle ein bis zwei Stunden aufwacht und jammert, werde ich, obwohl es ihm ja nicht gut geht, so wütend, dass ich zwischendurch im Nebenzimmer auf die Matratze einschlagen muss, damit ich ihn wieder in den Arm nehmen und bekuscheln kann. Und eine Sache ist sogar noch schlimmer als eine schlaflose Nacht: der nächste Tag. Weil mein Kind dann meistens noch schlechter drauf ist als nachts. Frage ich ihn an solchen Tagen zum Beispiel, ob er eine Banane will, jammert er »NEEEEEIIIINNNN«, reißt sie mir aber daraufhin aus der Hand und isst sie schmatzend auf. Er schmeißt vor Wut seinen Schnuller weg und kreischt dann los, weil sein Schnuller weg ist. Das hört sich vielleicht lustig an, und wenn ich fit bin, ist es das auch. Aber wenn ich müde bin und mir den Arsch aufreiße, damit sich mein Kind wohlfühlt, und ich ihm trotzdem nichts recht machen kann – zum Beispiel, wenn ich ihn auf dem einen Arm habe und mit dem anderen eine Suppe koche (inklusive Gemüse schneiden) – und er trotzdem noch jammert und tobt, dann spüre ich am Höhepunkt der Hilflosigkeit und Wut das Bedürfnis, mich mit Gewalt durchzusetzen. In diesen Momenten kann ich nachvollziehen, warum manche Eltern ihre Kinder hart anpacken und schütteln, und bin unendlich dankbar, dass ich diese eingebaute Sperre habe, die mir das (hoffentlich auch zukünftig) unmöglich macht.

Wozu ich aber sehr wohl in der Lage bin, ist, mein Kind anzubrüllen. Als wir vor ein paar Wochen in Barcelona waren und er mir zeigte, dass er nicht im Buggy fahren wollte, indem er mich kratzte und mir einen großen Büschel Haare ausriss, habe ich ihn so laut angebrüllt, dass danach mein Hals gekratzt hat. Noch mehr als mein von unzähligen Passanten beäugter Wutausbruch selbst hat mich danach gewundert, dass er funktioniert hat. Erst wollte der Sohn auf meinen Arm, und nachdem wir kurz gekuschelt und uns wieder vertragen hatten, setzte er sich ohne zu mucken in den Buggy. Jetzt schreie ich ihn immer gleich an.

Das war natürlich nur ein Scherz. Aber ich bin froh zu wissen, dass es kein Weltuntergang ist, wenn ich mal nicht schaffe, ihn tausendmal pseudogeduldig darum zu bitten, nicht zu hauen, sondern einfach meinem Ärger Luft mache. Mein Kind kann ruhig mal mitkriegen, dass ich wütend bin. Und andere Leute auch. Als ich einer Freundin, ebenfalls Mutter, gestand, dass mein Sohn mich gerade so nervt und ich mir manchmal wünschte, er wäre nicht da, war sie zuerst schockiert. Aber schon eine Woche später hatte ihr Kind eine anstrengende Phase, und sie war froh, dass ich vorher ehrlich zu ihr war, denn so wagte sie, sich bei mir hemmungslos über ihr Kind zu beklagen. Und wir beide wussten unsere, zugegeben manchmal ziemlich harten, Äußerungen als das zu nehmen, was sie waren: Keine ernst gemeinten Verwünschungen, sondern nur ein Ventil für unsere Wut. Etwas Gemeines übers Kind zu sagen, wenn es das nicht hört, hilft mir nämlich besser, als ein Kissen zu verprügeln. Wenn ich richtig fies vom Stapel gelassen habe, bin ich meistens schon einen Großteil der Wut los. Und falls das nicht klappt, kann ich ihn ja immer noch anschreien. Als ich das letzte Mal gebrüllt habe, hat er mir danach sogar Salzbrezeln angeboten.

DAS MACHE ICH GEGEN DIE WUT:
- In Gesprächen mit anderen Müttern sage ich ehrlich, wie es mir geht und was ich denke (so, dass das Kind es nicht mitbekommt). Wenn ich höre, dass es anderen genauso geht, entspannt mich das schon.
- Gewalt gegen Kinder geht gar nicht. Und ich gehe aufmerksam durch die Welt, damit ich Kinder in meiner Um-

gebung im Ernstfall davor schützen kann. Aber ich spiele mich nicht in jeder Situation als Moralapostel auf.

- Wenn ich wütend bin, mache ich die Augen zu, atme tief durch und sage mir immer wieder, dass er ausprobiert, wie weit er gehen kann, und dass dieses Austesten nachvollziehbar ist. Und dass es an mir ist, ihm auf vernünftige Weise zu zeigen, wann Schluss ist.
- Wenn Durchatmen nicht reicht, haue ich so heimlich wie möglich auf den Tisch, in Kissen oder trete gegen Wände oder den Wickeltisch.
- Wenn Treten und Hauen nicht reicht, brülle ich den Sohn an. Danach entschuldige ich mich und erkläre, warum ich so sauer war. Letzte Frage im Satz ist: Sind wir wieder Freunde? Danach drücken wir uns und fangen wieder von vorn an.
- Ich habe die schlimmste Zeit noch vor mir. Für den Fall, dass ich irgendwann hauen will oder so überfordert bin, dass ich nicht weiterweiß, habe ich Telefonnummern von Stellen, die mir helfen können, parat, zum Beispiel das Elterntelefon:

Montag und Mittwoch 9.00 Uhr – 11.00 Uhr
Dienstag und Donnerstag 17.00 Uhr – 19.00 Uhr

0800 111 0 550

Oder war das jetzt doch zu streng?
Die Zweifel an den eigenen Erziehungsmethoden.

Wenn mich jemand nach meinem Erziehungsansatz fragt, antworte ich mit einem entschiedenen »Ich wurschtel mich durch«. Denn während ich bei meinen Eltern, wie die meisten anderen Kinder dieser Zeit, nebenher lief, klare Ansagen gekriegt habe und weder mit mir noch miteinander groß über die Art der Erziehung diskutiert wurde, kommen heute auf jedes Kind mindestens drei verschiedene Ansätze. Es gibt zum Beispiel Eltern, deren größtes Ziel es ist, dass ihr Kind nicht weint, damit es ohne Frustration ein Urvertrauen aufbauen kann. Andere Eltern haben die Strenge vorheriger Generationen wiederentdeckt und führen mit harter Hand und ohne Spaß durchs Familienleben. Wieder andere sind so gläubig, dass sie ihre Kinder von allem, was mit Kommerz, Zucker und sekundären Geschlechtsorganen zu tun hat, fanatisch fernhalten.

Ich habe kein Konzept, – und das ist gut, weil ich mich nach nichts richten muss, das ist aber auch schlecht, weil ich mich nach nichts richten kann. Wenn alles normal läuft, weiß ich, wie ich mit meinem Kind umgehen möchte, und bediene mich aus einem persönlichen Mix aus Erfahrung, in Illustrierten und Büchern gesammelter Information sowie Geschichten und Ratschlägen von Freunden. Man könnte sagen, ich weiß, was ich will, und überlege mir meistens spontan, wie ich es erreichen könnte. Mit meiner Erziehung möchte ich den Grundstein dafür legen, dass aus meinem Sohn ein freundlicher, aufgeschlossener Mensch werden kann, der so gern mit anderen zusammen ist wie andere mit ihm. Er darf ziemlich viel, und wir machen oft Quatsch, weil ich finde, dass er beim kreativen Spielen viel lernt. Ich liebe es, wenn wir uns zusammen verrückte Sachen ausdenken, auch wenn das mit Überschwemmungen im Bad oder Gemüsechaos in der Küche zu tun hat. Darüber hinaus achte ich darauf, ihm Neues wertungsfrei vorzustellen, weil er sich seine eigene Meinung bilden soll. Natürlich wird das später wichtiger, aber schon jetzt bin ich vor ihm zu Leuten, die ich blöd finde, genauso nett wie zu anderen, und selbst wenn ich ihm ein Gemüse präsentiere, das ich hasse wie die Pest, lasse ich ihn das nicht spüren. Ich will ihm meine Meinung nicht aufzwingen.

Bis jetzt klingt das ja nach total entspannter Verständnismutter, allerdings werde ich zu Fräulein Rottenmaier, wenn es um Höflichkeit geht. Ich lege (vielleicht übertriebenen) Wert darauf, dass mein Sohn höflich ist, deshalb gibt es bei uns andauernd Hallos, und Tschüsses, Bittes und Dankes. Und der Spaß war für mich bis vor Kurzem vorbei, wenn er mich oder andere gehauen hat. Da brauchte mir keiner kommen mit »Das ist doch nur Kontaktaufnahme«, »Er hat kein anderes Ventil« oder so, hauen ging gar nicht, und das sollte er in aller Deutlichkeit erfahren. Ich habe ihn in sein Zimmer gebracht und klipp und klar gesagt, dass ich das nicht will. Inzwischen habe ich allerdings festgestellt, dass weniger strenge Ansagen genauso, wenn nicht besser wirken und die Stimmung nicht so vergiften. Wieder was gelernt: Mein vorheriges Verhalten war für meinen Sohn zu streng, in seiner derzeitigen Phase ist die sanftere Alternative die Lösung. Wir kuscheln sowieso viel, er wird besungen und abgeknutscht und furchtbar lieb gehabt und abgefeiert.

Das hört sich ja fantastisch an! Nur leider funktioniert das alles überhaupt nicht, sobald mein Sohn oder ich beziehungsweise wir beide nicht auf der Höhe sind. Heute zum

Beispiel: Er ist den dritten Tag krank zu Hause. Die letzten zwei Tage habe ich ihm alles erlaubt und durchgehen lassen, schließlich hatte er hohes Fieber und fühlte sich schlecht. Der Mann war über Nacht auf Dienstreise, und ich bin schon allein deshalb genervt, weil mich diese Selbstverständlichkeit, mit der er im Gegensatz zu mir seine Termine NICHT verschiebt, brutalst ankotzt. Dazu kommt, dass heute der schlimmste Tag mit krankem Kind ist, denn, fast gesund, ist mein Sohn vom zu Hause bleiben schwer gelangweilt, völlig unterfordert und wird schnell wütend. Er wirft mit Sachen, haut mich, und statt ihn, wie oben noch feierlich beschrieben, kreativ spielen zu lassen, meckere ich rum und steigere mich so in meine Genervtheit hinein, dass ich ihn anbrülle, als er mich das sechste Mal haut. Beim elften Mal Hauen breche ich in Tränen aus.

Zu allem Überfluss ist heute der Tag, an dem die alten Regeln wieder gelten sollen, wogegen sich der Sohn natürlich mit Händen (Autos schmeißen) und Füßen (Ukulele schießen) wehrt. Eigentlich ein ziemlich dummer Tag für die Wiedereinführung der Familiengesetze, aber ich habe Angst, dass er sich an die Anarchie gewöhnt, und will so schnell wie möglich wieder auf normal schalten. Jedoch stoße ich gleich bei der ersten Erziehungsmaßnahme auf Gegenwehr. Wir schaukeln uns also gegenseitig hoch, bis die Situation aus dem Ruder läuft. Je genervter ich werde, desto strenger werde ich. Warum hat er überhaupt noch einen Schnuller? Schluss damit. Und wieso isst er im Stehen? Er muss sich jetzt sofort hinsetzen. SOFORT. Das Kind wird immer bockiger und kreischiger, und ich weiß gar nicht mehr, wie es so weit kommen konnte. Mein Nicht-Konzept ist jetzt wirklich eines, und ich sehe mich schon im Fernsehen, wie die Supernanny mir ein Video vorspielt, in dem ich meinen tobenden, verzweifelten Sohn anbrülle, woraufhin ich schockiert in Tränen ausbreche und dankbar schluchzend ihre Erziehungstipps annehme.

Brauche ich Erziehungstipps? Wenn ich mir das verwirrte Gesicht meines Sohnes vor Augen rufe, wie er mich anschaute, als ich angefangen habe zu heulen, dann denke ich mit einem furchtbar schlechten Gewissen: »Ja! Am besten nehmt ihr mir mein Kind sofort weg, weil ich nicht immer schaffe, besonnen zu reagieren. Oder ihr beamt mich in irgendeine Zeit oder Region, in der alle Kinder gleich erzogen werden und ich mir nicht ständig Gedanken darüber mache, ob etwas richtig oder falsch ist und mein Kind durch meine Erziehung irreparable psychische Schäden erleidet.«

Brauche ich wirklich Erziehungstipps? Ich glaube nicht. Denn das Einzige, was mir in diesen Momenten wirklich hilft, ist Abstand zum Kind. Das gibt mir Kraft für die nächsten Wutanfälle und Zeit zum Nachdenken, ob ich die nächsten Male nicht vielleicht anders reagieren möchte. Dann sage ich meinem schlechten Gewissen: »Himmel noch mal! Ich bin ein Mensch und keine Maschine. Es ist doch klar, dass ich nicht mit voller Kraft fahren kann, wenn mir Schlaf, Entlastung, Gerechtigkeit oder meine Arbeit fehlen. Solange der normale Umgangston voller Liebe und Spaß ist, ist alles super.« Dann beruhige ich mich und mein schlechtes Gewissen wieder und komme damit zum letzten Punkt meines flexiblen Erziehungsansatzes: Ich möchte meinem Sohn gegenüber ehrlich und authentisch sein, weil ich glaube, nur so weiß er, dass er sich immer auf mich verlassen kann. Rumschreien und Losheulen gehörten für mich genauso dazu wie meine darauffolgende Entschuldigung und die Erklärung, warum ich so ausgeflippt bin.

MEINE FLEXIBLEN ERZIEHUNGSREGELN:

- Ich bleibe authentisch. Meinem Kind das Gefühl zu geben, dass es weiß, wer ich bin, ist für mich wichtiger, als ihm mit einem aufgesetzten Dauergrinsen die perfekte Mutter vorzuspielen.
- Ich versuche, in Extremsituationen nicht zu streng zu werden. Dann zwinge ich mich dazu, mehr durchgehen zu lassen und die Erziehungsarbeit ein paar Tage nach hinten zu schieben.
- Klappt das nicht, schreie ich auch mal rum. Am liebsten gleich, dann ist es raus, und mein Kind kann das Gebrüll einer Situation zuordnen. Doof: reinfressen und an völlig unpassender Stelle ausflippen.
- Ich tausche mich mit dem Mann aus, und wir stellen zur besseren Orientierung gemeinsam Erziehungsregeln auf.
- Mein Sohn darf vieles ausprobieren, auch wenn das Chaos bedeutet. Damit ich mir so wenig Stress wie möglich damit mache, gilt: Es wird nur einmal am Tag aufgeräumt, und zwar abends.
- Ich sage nicht so oft Nein, aber wenn, dann bleibt es auch dabei (meistens).
- Ich beobachte das Kind und unterstütze seine Neugier und seine Interessen.
- Ich versuche, die Schuldgefühle und die Enttäuschung klein zu halten, wenn ich es nicht schaffe, die Regeln zu befolgen.

Der macht ja alles nach!
Die Verwirrung, plötzlich Vorbild zu sein.

Gestern habe ich mich am Rücken gekratzt. Die Stelle, die gejuckt hat, lag genau zwischen den Schulterblättern, und ich kam schlecht dran. Mein Sohn stand mir gegenüber und machte plötzlich die gleichen beknackten Bewegungen wie ich und strahlte mich dabei so glücklich an, als hätte ich ihm erlaubt, seine Zahnpasta zu frühstücken.

Seit er mehr kann als rumliegen, macht er mir alles nach. Das fand ich zuerst niedlich, zum Beispiel, wenn er wie ich in die Hände klatschte oder wie ich zu einem lauten »HURRAA!« die Arme nach oben riss. Aber leider klatsche ich nicht den ganzen Tag verzückt in die Hände, weil es eben auch öfter mal Gründe gibt, statt »Hurraa!« so etwas zu rufen wie »Wuaaa, Vorsicht!« oder »Nicht in den Mund stecken!« oder »Argh, ich flippe gleich aus!«. Wenn mein Sohn mich in diesen Momenten nachmacht, wird das meistens ganz schön peinlich. Als er mich das erste Mal beim Meckern kopierte, konnte er noch nicht mal laufen. Er hielt sich auf wackligen Beinen mit der einen Hand am Tisch fest und hielt mir mit der anderen, beziehungsweise mit dem Zeigefinger, eine amtliche Standpredigt. Genau wie ich. Bestimmt haben alle mitleidig gedacht: »Das arme Kind kriegt bestimmt einen Schaden, weil die blöde Mutter viel zu streng ist.« Und manchmal denke ich auch, er flüchtet vor seiner Mutter in eine bessere Phantasiewelt, zum Beispiel wenn er mit einem »Hoppala« sein imaginäres (!) Plektrum fallen lässt, es aufhebt und dann weiter auf seiner Ukulele spielt. Auf jeden Fall habe ich mir das mit dem Zeigefinger schnell wieder abgewöhnt und er sich dann auch.

Gerade kopiert er mein Telefonverhalten. Er kann sich weder einen Strumpf allein anziehen, noch kriegt er seinen Joghurt selber auf, aber er scannt innerhalb von fünf Sekunden einen Raum nach erreichbaren Mobiltelefonen, verhält sich dann unauffällig bis niedlich und wartet mit dem Zugriff auf den besten Moment. Dann schnappt er sich das Handy, klemmt es zwischen Kopf und Schulter und ruft in ziemlich hohen Tönen »Hallo! Geht's? Naaaaaa?«. Wie ich. GENAU wie ich.

Er studiert mich. Er verfolgt mich mit seinen großen Augen. Mich verwirrt es sehr, wenn wir am Tisch sitzen und er mich penibelst beobachtet, um dann seine Gabel exakt so zu halten wie ich. Ich muss mich erst mal daran gewöhnen, dass ab jetzt alles gesehen und kopiert wird. Schließlich trinke ich eigentlich am liebsten aus der Flasche und rülpse gern, spiele Fußball in der Wohnung und esse mit Vorliebe vor dem Fernseher. Jetzt spielen wir zumindest meistens nur noch auf dem Flur Fußball und sitzen spätestens um halb eins bei Fischstäbchen, Spinat und Kartoffelpüree mit Getränken in Gläsern am Tisch und benehmen uns so vorbildlich, dass RTL2 bei uns »Die Knigges – hinein in die gute Kinderstube« drehen könnte.

Ich bin jetzt also ein Vorbild, und zwar nicht, weil ich toll singen oder das Periodensystem aufsagen kann, sondern nur, weil ich existiere. Wahnsinn! Und nach der ersten Verwirrung finde ich es meistens großartig. Zum Beispiel, weil wir bei den gemeinsamen Mahlzeiten Spaß haben und es mich stolz macht, zu beobachten, wie der Sohn konzentriert mit Besteck isst und manchmal nach dem Essen »Fertig!« sagt, sein Geschirr zusammenstellt und von sich wegschiebt. Dieses vorbildliche Verhalten muss er sich schließlich mit einer großen Wahrscheinlichkeit von mir abgeguckt haben.

Und eigentlich ist doch durchaus produktiv, dass er mir bei den negativen Dingen den Spiegel vorhält; ohne ihn hätte ich schließlich nie erfahren, wie beknackt ich beim Meckern aussehe. Oder wie pubertär der Mann und ich uns manchmal aufführen. Vorige Woche beim Essen wippte der Mann zur Radiomusik mit dem Fuß und kam dabei immer an das Tischbein.

Mutter:»Was machst du denn da?«
Vater:»Ich schlage den Takt mit meinem Penis.«
Kind:»Hähähähä. Penis.«

DAS MACHE ICH, UM EIN BESSERES VORBILD ZU SEIN:
- Ich schmeiße seine dreckigen Klamotten nicht mehr vom Wickeltisch auf den Flur, weil sonst sofort Cremes, Windeln und Ähnliches hinterherfliegen. Eigentlich werfe ich außer Bällen und zwischendurch das Handtuch gar nichts mehr.
- Ich schimpfe nicht mehr mit erhobenem Zeigefinger.
- Ich trinke meistens aus Gläsern und denke beim Essen daran, dass jemandem am Tisch keine meiner Bewegungen entgeht.
- Ich achte darauf, im Umgang mit anderen Menschen freundlich zu sein und immer Hallo, Tschüss, Bitte und Danke zu sagen.
- Ich fluche weniger.
- Ich versuche, mich zu entspannen, wenn ich mal irgendetwas ohne Vorbildcharakter mache. Wir sind eigentlich freundliche Leute, da ist, glaube ich, nicht so tragisch, wenn ich mal »Scheiße« rufe oder den Mann beim Toben haue.

DIE PARTNERSCHAFT

Ja, ja, geh du in dein anderes Leben.
Die Verbitterung, wenn der Partner zur Arbeit geht.

Die ersten drei Wochen nach der Geburt waren wir noch zu dritt. Dann ging das echte Leben los, denn der Mann ging wieder Vollzeit arbeiten. Dass er erst mal der Broterwerber sein sollte, stand relativ schnell fest, weil er erstens den besser bezahlten Job hatte und zweitens keine Brüste, aus denen Milch kam. Ich selbst hatte nicht wirklich einen Plan, wie lange ich zu Hause bleiben wollte, wir hatten vereinbart, dass ich mal gucke, wie mir das exklusive Muttersein so gefällt, und dann entscheide, wie lange ich das machen möchte.

Die ersten Tage, die der Mann morgens aus dem Haus ging, um erst abends wieder da zu sein, war ich panisch, weil mir das Kind so fremd war und ich solche Angst vor der Verantwortung hatte. Dabei lag es ja eigentlich nur rum und hat geguckt oder geschlafen. Nach ein paar Monaten setzte die Langeweile ein, und ich wurde eifersüchtig auf den Mann und sein anderes Leben. Ich war so neidisch, dass er aus der eintönigen, oft so bedrückenden Situation mit Kind herausgehen konnte und einen Ort hatte, an dem er nicht Vater, sondern er selbst war. Er hatte sein altes Leben noch. Er konnte in sein Büro gehen, wo er am Rechner sitzt, ohne dass sich seine Assistentin kreischend an sein Hosenbein hängt oder so lange mit ihren Händen auf seine Tastatur patscht, bis die wichtigsten Dateien umbenannt und/oder gelöscht sind. Er muss seine Telefonate nicht unterbrechen, um seinen Kollegen zu zwingen, die Reißzwecken wieder auszuspucken. Er kann E-Mails in einem Stück durchschreiben, ohne dass ihm jemand mit Prittstift die Umrisse seiner Tastatur auf den Schreibtisch malt oder ihm auf den Schoß kotzt. Er war frei. Und ich war es nicht. Ich war Hausfrau und Mutter. Ich habe mich in der Wohnung mit meinem Kind, mit meiner Unsicherheit und Angst gefühlt wie in einem Gefängnis. Schließlich hatte ich immer so viel Bestätigung aus meiner Arbeit gezogen und so viel Wert auf meine Unabhängigkeit gelegt.

Fürs gute Gefühl schrieb ich, wann immer ich die Zeit hatte. Statt mich mit dem Kind schlafen zu legen, weil ich eine kurze, verhackstückelte Nacht hatte, setzte ich mich an den Computer und schrieb kleine Artikel oder Blogbeiträge. Nichts, was Geld einbrachte, aber mir zumindest das Gefühl gab, nicht nur Mutter zu sein. Im Nachhinein finde ich es etwas schade, dass ich mich in der ersten Zeit so unwohl gefühlt habe und alle »Entspann dich, das wird alles besser und einfacher«-Tipps an mir abgeprallt sind, weil ich jetzt weiß, dass ja wirklich alles besser und einfacher wird. Stattdessen saß ich schon morgens mit Grummelgesicht am Frühstückstisch und war angesichts der Aussichten auf den Tag ziemlich genervt. Während ich durch meine Endlosschleife aus Wickeln-Spielen-Schlafenlegen torkelte, stellte ich mir voller Neid den Mann bei der Arbeit vor: Gut aufgelegt hält er mal hier, mal da ein Schwätzchen, schüttelt ein paar Präsentationen aus dem Ärmel und sitzt die meiste Zeit Kaffee trinkend vor seinem Rechner und liest im Internet und in hippen Magazinen alles, was die Leute so schreiben, die eben nicht den ganzen Tag wickeln, spielen oder schlafen legen. Das war natürlich unfair von mir, denn er hatte mindestens genauso viele Scheißtage wie ich. Für ihn war der Druck, plötzlich alleiniger Brotverdiener zu sein, extrem groß, ganz zu schweigen von der Tatsache, dass sein Job sehr fordernd und manchmal ziemlich blöd war. Wir fühlten uns an diesen Scheißtagen beide unverstanden und ungerecht behandelt, und zwar so sehr, dass wir uns gar nicht mehr in die Lage des anderen versetzen konnten. Das hat sich bis heute nicht geändert. Ich finde die Arbeitssituation für Eltern immer noch eine himmelschreiende Ungerechtigkeit. Es gab und gibt Momente, in denen ich neidisch bin, dass der Mann sein Arbeitsleben viel weniger einschränken muss als ich. Aber mein Supermann hat mir in einem Schlüsselmoment gezeigt, dass unser Leben gar nicht so unterschiedlich ist. Er kam von der Arbeit nach Hause und fand mich als Häufchen Elend am Küchentisch. Mit wirren Haaren und vollgekotztem Shirt schluchzte ich: »Ich sitze den ganzen Tag herum und erzähle jemandem, der mich nicht versteht, Dinge, die keinen Sinn machen.«

»Ich auch.«

Für seine Antwort würde ich ihn jeden Tag wieder heiraten.

MEINE MITTEL GEGEN DIE VERBITTERUNG:

- Ich habe den exklusiven Hausfrauen- und Mutterstatus nach einem Jahr aufgegeben. Das Kind kam zum Tagesvater, und ich konnte halbe Tage wieder arbeiten, was sich für mich als perfekte Mischung herausstellte.
- Wir tauschen die Rollen. Wenn ich ganze Tage arbeiten gehe, verstehe ich zum Beispiel, dass der Mann erst mal eine Auszeit braucht, wenn er nach Hause kommt, auch

wenn er das Kind den ganzen Tag nicht gesehen hat. Je mehr beide alles machen, desto besser können wir den anderen verstehen.

- Beide können einen Scheißtag haben. Deshalb wird am Abend nicht automatisch dem Mann das Kind in die Hand gedrückt, sondern gerecht verglichen, wer den schlimmeren Tag hatte.

Wer, wenn nicht wir?
Die Verbundenheit mit dem Partner.

Der Mensch, der behauptet hat, dass Kinder Beziehungen kitten können, ist sehr wahrscheinlich derselbe, der behauptet, Lichtnahrung mache richtig satt. Denn wenn ein Kind in die Beziehung kommt, dann ist das meistens eine ziemlich harte Belastungsprobe. Bei mir ging es schon in der Schwangerschaft los, denn ich reagiere schon unschwanger sehr extrem auf hormonelle Veränderungen. Ich will die Hormone hier überhaupt nicht als Totschlagargument anwenden, weil ich selbst am liebsten alle totschlagen würde, die das tun. Alle meine Reaktionen waren echt und gerechtfertigt und würden vermutlich auch bei einer nächsten Schwangerschaft wieder so eintreten, aber mit etwas emotionalem Abstand betrachtet, war ich zwischendurch wirklich extrem anstrengend. Und mein Mann hat sich alles von Fatalismus über Hysterie bis Schwarzmalerei angehört, es verstanden, versucht zu verstehen oder höflich so getan, als würde er es verstehen.

Immer wenn ich mich frage, warum ich in den ersten Monaten mit meinem Sohn nie Zeit hatte, nicht einmal um zu duschen, obwohl er doch eigentlich nur rumlag und schlief, wird mir klar, dass wir, der Mann und ich, einen Großteil der Zeit mit Reden, Diskutieren und Problemewälzen verbracht haben. Oft haben wir uns, sobald das Kind seinen Mittagsschlaf machte, auch wieder ins Bett gelegt und uns gegenseitig unsere schlimmen Gedanken gebeichtet. Ich hatte zum Beispiel Angst, dass sich unser Kind zwischen uns drängt und wir keine Zeit mehr füreinander haben würden. Manchmal habe ich ihn und mich gefragt, ob es überhaupt die richtige Entscheidung war, ein Kind zu bekommen. Und ich habe mich furchtbar deshalb gefühlt. Aber der Mann hat mich nicht verurteilt, denn oft ging es ihm genauso. Diese ehrlichen Gespräche haben mir die erste Zeit extrem erleichtert, und sie haben uns als Paar noch enger zusammengeschweißt.

Die Extremerfahrung Kind hat uns wie keine andere Erfahrung zuvor gezeigt, dass wir uns immer aufeinander verlassen können. Sobald einer nicht mehr kann, springt der andere ein, und wir haben beide ein gutes Gespür dafür, zu merken, wer von uns die Pause dringender braucht. Als ich mit Augenringen am Abendbrottisch saß und aus lauter Angst vor der nächsten anstrengenden Nacht weinte, schickte er mich ins Schlafzimmer, drückte mir Ohropax in die Hand und übernahm kommentarlos die Nachtschicht. Als unser Sohn noch gestillt wurde, ist der Mann jede Nacht aufgestanden und hat ihn mit abgepumpter Muttermilch gefüttert, damit wir beide ein paar Stunden am Stück schlafen konnten. Für ihn ist nämlich klar, dass er außerhalb seiner Arbeitszeit zu gleichen Teilen wie ich für das Kind sorgt, dass wir Termine und Verabredungen absprechen und uns Mühe geben, alles so gerecht wie möglich zu verteilen. Das ist (leider noch) außergewöhnlich großartig, und jede Leserin ist herzlich eingeladen, diese Informationen als Druckmittel beim eigenen Partner einzusetzen.

Aber Zuverlässigkeit und Vertrauen sind nicht der einzige Grund, warum ich meinen Mann so toll finde: Mit seinem Humor hat er mich aus vielen Löchern geholt. Als wir zum Beispiel zwei Tage nach der Geburt unser Neugeborenes in den Kreißsaal-Bereich schoben, um nach meiner Hebamme zu suchen, und uns eine Schwester anzischte: »Was machen Sie hier?«, antwortete mein Supermann: »Wir wollten ihn zurückbringen, es ist irgendwie doch nicht so, wie wir uns das vorgestellt haben.« Ich war mir sicher, dass gleich meine Kaiserschnitt-Narbe platzen und meine Milz auf den Boden klatschen würde. Seine und unsere Witze haben auf jeden Fall viele Nächte einfacher gemacht und viel Geschrei erträglicher (»Sehr verehrte Damen und Herren, Sie hören das Kind mit seinem Superhit WÄH, WÄH. Seien Sie gespannt auf die Zugabe!«).

Was auch toll ist: Wir nehmen uns Zeit füreinander. Von Anfang an sind wir zu zweit ausgegangen, haben unser wenige Wochen altes Kind im Stubenwagen zur tollen Nachbarin geschoben und sind auf einen Geburtstag gegangen. Freunde babysitten, damit wir auf Konzerte oder einfach mal in Ruhe essen gehen können. Inzwischen hat unser Kind schon beim Tagesvater übernachtet, damit wir zu Hause Averna trinken und Singstar spielen können. Ich genieße die Zeit, die ich mit ihm allein habe, auch wenn wir im Restaurant manchmal unsere Handys zücken und uns gegenseitig die neuen Fotos von unserem Junior zeigen, wobei wir selbstverständlich in der Sprache unseres Sohnes sprechen und »Häni« statt »Handy« sagen.

Und wenn wir wieder nach Hause kommen und Hand in

Hand vor unserem schlafenden Kind stehen, dann bin ich so verliebt und stolz und dankbar, wie ich nur sein kann, dass dieser tolle Mann mit mir eine Familie gegründet hat. Klar finde ich ihn auch ganz schön oft doof, aber das Paar, das mit einem kleinen Kind immer entspannt und verliebt pfeifend durchs Leben tanzt, hat entweder ein Drogenproblem oder einen Zehn-Stunden-Krippenplatz und bringt das Kind danach zum Übernachten zu den Großeltern. Es muss nicht immer alles gut sein. Mir ist nur wichtig, dass uns Streit etwas bringt und dass wir uns immer wieder vertragen. Meine allerliebste Vertrage-Situation hatten wir übrigens auf dem Weg zum Einkaufen: Nach hitziger Diskussion waren wir schon in der Phase, in der wir leicht grinsend Eingeständnisse grummelten. Vor dem Laden meinte ich: »Hoffentlich haben die hier Samthandschuhe.«

»Oder ein dickes Fell.«

WIE ICH MICH IM ALLTAG AN DIE LIEBE ERINNERE:
- Ich habe sie auf den Unterarm tätowiert. Zeige ich dem Mann zum Beispiel einen wütenden Stinkefinger, sehe ich die Tätowierung und denke: »Da war doch was.«
- Ich schreibe auf, warum ich ihn so liebe, und wenn der Mann mich schlimm nervt, lese ich es. Dann bin ich meistens wieder etwas milder gestimmt.
- Ich gucke mir Fotos an und lese seine Briefe.
- Wir versuchen, regelmäßig allein etwas zu unternehmen.

Kannst du vielleicht auch mal?

Der Frust, weil der Partner immer eine Extraeinladung braucht.

Am Wochenende könnte ich seine Zeitung anzünden. Denn nach dem Frühstück setzt er sich wie selbstverständlich mit ihr aufs Sofa und liest sie von vorn bis hinten durch. Seelenruhig. Er juckt sich am Ohr. Ganz vertieft. Er merkt gar nichts. Nicht, wenn das Kind mit Joghurt schmeißt, nicht, wenn es an der Haustür klingelt, während ich telefoniere und die Spülmaschine auspacke. Selbst wenn ich auf allen vieren mit dem Kind auf dem Rücken an ihm vorbeireite und laut wiehere, guckt er nicht hoch. Aus verschiedenen Gründen regt mich das auf. Erstens bin ich neidisch, weil er sich einfach ausklinken kann und ich immer sofort abgelenkt bin, sobald das Kind Piep oder Häni sagt. Zweitens macht es mich wütend, dass er so unabgesprochen davon ausgeht, dass ich mich ums Kind kümmere. Denn wenn meine Mütterqualitäten für selbstverständlich genommen werden, werde ich sehr ungemütlich, schließlich erwartet der Mann ja auch bei jeder aufgehängten Waschmaschinenladung ein singendes Telegramm. Wenn ich also das Gefühl habe, es wird automatisch davon ausgegangen, dass ich mich kümmere, werde ich sauer. Das werde ich auch, wenn der Mann nicht mitdenkt. Ein Beispiel: Der Mann war mit dem Kind unterwegs und hatte zu Hause etwas vergessen. Also kam er wieder nach oben in die Wohnung, allerdings ohne Kind. Er hatte es mitten im Treppenhaus stehen gelassen, zu einem Zeitpunkt, an dem es allein Treppen steigen so gut konnte wie Bremswege berechnen. Energisch habe ich den Mann extra eingeladen, mehr auf die Sicherheit des Kindes zu achten.

Wozu ich den Mann auch gern extra einlade, ist, das Kind zu wickeln, denn er kann die Notwendigkeit einer neuen Windel selbst dann noch konsequent ignorieren, wenn das Kind stinkt wie eine Festivaltoilette.

A propos konsequent ignorieren: Partner, die sich nachts schlafend stellen, damit die Frau aufsteht und sich ums meckernde Kind kümmert, haben nicht nur eine Extraeinladung, sondern auch schlimme Träume verdient. Denen wünsche ich, dass ihnen darin Veronica Ferres erscheint, die ihnen die Finger abschleckt, während ihnen die Augenbrauen so lang wachsen, dass sie ihnen im Mund hängen. Eigentlich wünsche ich denen sogar, dass das in echt passiert. Denn seine Frau so hängen zu lassen, geht gar nicht. Klar, die Männer arbeiten in den meisten Fällen und brauchen ihren Schlaf. Aber HALLO? Wir arbeiten auch. Und warum sollte unser Job weniger wichtig und verantwortungsvoll sein, er wird schließlich schon schlechter bezahlt.

Bei mir zu Hause handelt es sich eher um ein Luxusproblem: Mein Mann steht nachts zwar auf und geht zum Kind, aber er lässt das Babyfon an und die Tür sperrangelweit auf, so dass ich alles miterleben kann, als wäre ich live dabei. Hat das Kind sich beruhigt, kommt er wieder ins Bett, schläft innerhalb von drei Sekunden ein und atmet mir so ins Ohr, dass ich, eh schon hellwach, nicht mehr einschlafen kann.

Ich habe die Erfahrung gemacht, dass Absprachen sehr gut gegen Extraeinladungen helfen. Die Nächte bei uns sind zum Beispiel genau geregelt, in besonders schweren Fällen (Kind sehr krank, wacht alle 20 Minuten auf), teilen wir uns die Nacht halbe-halbe, in anderen Fällen (einer von uns hat was Wichtiges bei der Arbeit, ist krank, schlecht drauf etc.) macht der andere die ganze Nacht und schläft gleich beim Kind, und im Normalfall gehen wir immer abwechselnd ins

Kinderzimmer. Auch für tagsüber helfen klare Ansagen und Absprachen gegen zu viele Extraeinladungen. Wenn wir alle zusammen Fußball gucken zum Beispiel, würde der Mann sich automatisch ausklinken und nicht bemerken, wie der Sohn sich eine Leiter zum Herd baut, seine Hände brät und zum Nachtisch einen Spülmaschinentab lutscht. Bekommt er vor Anpfiff eine Halbzeit Kindverantwortung auferlegt, ist er aufmerksamer, und ich kann auch was vom Spiel sehen.

Ich bin mir sicher, dass der Mann sich nicht drücken will, weil wir uns eigentlich alles gut teilen. Aber die Vereinbarungen dabei helfen, dass ich mich nicht ausgebeutet fühle. Und ich muss gestehen, dass er mich auch schon ganz schön oft extra einlädt, und das nicht etwa zu einem Martini oder einer romantischen Kutschfahrt.

SO GEWINNE ICH DER EXTRAEINLADUNG
ETWAS POSITIVES AB:
- Ich muss es nicht mehr märtyrermäßig selbst machen.
- Ich verschwende nicht mehr so viel Zeit, darauf zu warten, bis der Mann von selbst darauf kommt (Frühling 2046).
- Wenn es nicht anders geht, sage ich mir: Die Windel, die nach einer Extraeinladung gewechselt wurde, stinkt auch nicht.

Aaaaaaaahhhhhh!

Die Erleichterung, wenn das Kind mal weg ist.

Wenn wir Fernsehen gucken und es kommt Frauentausch oder ein Interview mit Til Schweiger, dann sagen der Mann und ich vor lauter Scham kein einziges Wort. Es herrscht eine peinlich berührte Stille. Noch stiller ist nur die Stille, die in der Wohnung herrscht, wenn das Kind nicht da ist. Wir machten das erste Mal Bekanntschaft mit ihr, als wir unseren sehr kleinen Sohn mit meinem besten Freund um den Block geschickt haben. Die karge Wand schien immer wieder »Das Kind ist weg. Das Kind ist weg« zu flüstern. Unheimlich war das. Dabei hatten wir uns vorher so schön ausgemalt, wie unsere freie Stunde aussehen sollte: Wir wollten erst übereinander herfallen, wilden, schnellen Sex haben, dann einen Kaffee trinken – und bei all dem kein Wort über das Kind reden.

Es war nicht mal fast so. Denn als mein Freund den Kinderwagen aus der Wohnungstür schob, saßen wir wie versteinert auf dem Sofa. Ob er mit dem Kinderwagen die Treppe heil runterkommt? Kriegt das Kind Angst, wenn es aufwacht? Was ist, wenn ein Stück Ohr aus der Mütze guckt? Wir haben uns tausend Fragen gestellt und unsere Pläne dabei völlig vergessen. Stattdessen sprachen wir die ganze Zeit über unser Kind (etwa zehn Wochen alt), wie niedlich es war (na ja) und was es schon alles konnte (nichts). Dann klingelte es an der Haustür, und statt Sex und Kaffee hatten wir unser Kind wieder.

Auch die nächsten Trennungen vom Kind waren nicht unbedingt einfacher. Als ich am Wochenende nachmittags allein rausging, fühlte es sich an, als hätte ich meine

Daseinsberechtigung nicht dabei, und erzählte deshalb allen sehr nervig und ausschweifend von meinem Kind. Zwischendurch schreckte ich auf meinem Spaziergang immer wieder panisch zusammen, weil ich dachte, ich hätte mein Kind irgendwo vergessen und zum Beispiel beim Bäcker stehen gelassen.

Etwas später konnte ich endlich das Haus verlassen, durchatmen, »Aaaaahhhh!« sagen und die kinderfreie Zeit genießen. Und inzwischen freue ich mich ganz ohne schlechtes Gewissen, wenn ich mal zehn Minuten nicht an meinen Sohn denke. Der Mann und ich machen Paar-Dinge, wir gehen auf Konzerte, ins Kino oder Essen. Und es ist wirklich etwas anderes, in Jogginghose mit Kinderpopeln drauf auf dem heimischen Sofa zu liegen oder halbwegs schick angezogen beim Italiener zu sitzen. Keine Ahnung, was da psychologisch passiert, aber ich nehme den Mann und mich in diesen Momenten viel stärker als Paar wahr als in Anwesenheit des Kindes. Unsere Allein-Momente sind kostbar und vielleicht deswegen immer so schön, wir haben uns dabei tatsächlich noch nie gestritten. Stattdessen führen wir tolle Gespräche, bei denen wir nicht unterbrochen werden, zum Beispiel über unsere Pläne, unsere Selbstwahrnehmung als Eltern, unsere Gefühle für uns und über vieles, was nichts mit dem Kind zu tun hat. Und wenn es uns zu gefühlsduselig wird, reden wir schnell über Fußball. Was mich zur nächsten aufregenden Allein-Situation bringt: Als unser Sohn eineinhalb war, übernachtete er zum ersten Mal bei seinem Tagesvater. Während ich seine Tasche packte, bin ich fast in Tränen ausgebrochen, weil ich Angst hatte, nach Hause zu kommen und sein leeres Bett zu sehen. Das würde sicher noch viel lauter still sein als die Wände. Über die Trennung hinweggeholfen hat mir mein Sohn höchstpersönlich, er war nämlich an diesem Tag so scheiße, dass ich richtig erleichtert war, ihn bei seinem Tagesvater lassen zu können.

Der Mann und ich tranken also zuerst ein Bier und gingen zum Fußball (FC St. Pauli – Bayer Leverkusen, Testspiel). Es war ein normaler Fußballabend: Ich dachte zirka vierhundertmal an das leere Bett und verdrückte Tränen der Rührung, als Timo Schultz nach dem Spiel mit seinen beiden Kindern auf dem Platz noch ein bisschen Fußball spielte und das ganze Stadion deren Tore gefeiert hat (aber ich habe auf youtube genau gesehen, dass das auch gestandenen Männern passiert ist). Der Tagesvater berichtete regelmäßig per SMS über gute Laune und problemloses Einschlafen, so dass wir nach dem Spiel gemütlich essen und danach ein Bier trinken konnten. Gut, wir haben uns jetzt nicht abgeschossen, bis wir es lustig gefunden hätten, uns gegenseitig mit Edding Schweinenasen zu malen, aber wir waren erst um Mitternacht (!) wieder zu Hause. Und als ich ins leere Kinderzimmer geguckt habe, war da erstaunlicherweise keine Angst und keine Sehnsucht, sondern pure Erleichterung. Aaaahhhh! Ich würde mich entspannt ins Bett werfen und Sex haben können, ohne mit einem Auge auf das Babyfon zu schielen, und am nächsten Morgen so lange schlafen, bis meine Augen von allein aufgehen. Dass das genau um halb acht sein würde (also genau dann, wenn das Kind immer aufwacht), konnte zu dem Zeitpunkt ja keiner ahnen.

DAS KIND MUSS MANCHMAL WEG, WEIL:
- ... es herrlich ist, mal nicht Mutter zu sein.
- ... mich Dinge interessieren, die abends stattfinden und nichts mit Kindern zu tun haben.
- ... es eine tolle Sache ist, mal langsam etwas zu essen und nicht Brot, Gemüsesuppe oder Fischstäbchen zu schlin-

gen, während ich fliegendes Essen auffange, umgekipptes Wasser aufwische etc.

- … der Mann und ich Zeit für uns brauchen, damit wir auch einfach mal ein Paar sind.
- … ich solche Abende, insbesondere die mit Saufen, immer sehr genieße, mich aber am nächsten Tag immer sehr über meine Familie freue. Genau wie über die Tatsache, dass ich nicht mehr so oft feiern gehen muss.

Ach was! Doch kein Kinderspiel?

Die Genugtuung, wenn der Vater scheitert.

Sprüche wie »Was machst du eigentlich den ganzen Tag?«, »Ich weiß gar nicht, was du hast, er ist doch super drauf« oder »Wie sieht es hier denn aus?« hat mein Mann, wenn überhaupt, nur gedacht. Trotzdem hatte ich immer das Gefühl, er versteht mich nicht richtig. Schließlich konnte ich mir auch erst vorstellen, wie langweilig und nervtötend der Alltag mit Kind sein kann, als ich ihn selbst erlebt habe und merkte, wie die Last der ständigen Entscheidungen auf einem liegt, wie nervös einen die Daueranspannung macht, weil jeden Moment alles passieren kann, und wie bedrückend es ist, für alles die alleinige Verantwortung zu tragen.

Mein Mann war in eineinhalb Jahren ganze zwei Tage mit unserem Kind allein und kannte den Alltag mit ihm fast nur aus meinen Erzählungen. Bis jetzt. Denn er hat seinen Job gekündigt und eine zweimonatige Pause eingelegt, bevor er den nächsten beginnen wird. In dieser »Pause« ist er Hauptverantwortlicher für unser Kind, holt es vom Tagesvater ab und gestaltet die Nachmittage mit ihm. Ich arbeite Vollzeit, und damit er mich auch wirklich nicht um Rat fragen oder mir »mal eben kurz« das Kind geben kann, habe ich mir einen Büroplatz gemietet. Und gleich in der ersten Woche hatte ich meinen ersten Genugtuungs-Grinsemoment: Ich kam von der Arbeit nach Hause. Der Mann bereitete gerade genervt das Abendessen zu, während unser Sohn wütend vor ihm rumhampelte, weil er unbedingt auf den Arm wollte. Alles ganz normal so weit. Ganz normal auch, dass ich dem Mann als Erstes einen schlauen Tipp gab, so macht er es schließlich auch immer, wenn er nach Hause kommt. Ich musste grinsen: »Na? Richtig super, gleich einen schlauen Tipp zu bekommen, was?«

Er zickte »Lass mich einfach in Ruhe!« zurück, was er sich wahrscheinlich von mir abgeguckt hatte.

Es ist großartig! Mein Mann wird eine sehr große, bärtige Version von mir. Das Rumgezicke ist also kein weibliches Hormonproblem, sondern völlig normal. Und es kommt bei Männern genauso häufig vor wie bei Frauen, nämlich fast täglich. An seinem dritten Tag wollte er morgens joggen gehen, wir waren aber spät dran, und ich hätte nicht pünktlich im Büro sein können. Das sagte ich ihm, woraufhin er beleidigt aus dem Schlafzimmer rauschte und tatsächlich fauchte: »Dann stecke ich eben wieder zurück.« Vor lauter Lachen konnte ich ihm nicht mal aufs Brot schmieren, dass ich seit eineinhalb Jahren zurückstecke und es sehr erheiternd finde, dass er schon nach einer Woche findet, gegen ihn stehe Jesus da wie ein Partyprominenter.

Dabei hatte er noch gar nicht die volle Packung, denn wir waren zwischendurch verlängerte Wochenenden verreist, ich bin eher von der Arbeit nach Hause gekommen oder habe das Einkaufen erledigt. Außerdem war bis jetzt das

Kind ein solcher Sonnenschein, dass mich nicht wundern würde, wenn der Mann heimlich doch so etwas denkt wie: »Ich weiß gar nicht, was sie hat, ist doch voll einfach.«

Aber dann wurde der Sohn krank. Fast hätte ich »endlich« geschrieben. Nun sollte ich Vergeltung bekommen. Vor ein paar Monaten, als der Sohn krank war, hatte mein Mann nämlich unverschämt am Frühstückstisch bestimmt: »Er bleibt jetzt noch zwei Tage zu Hause. Er soll sich mal richtig auskurieren«, und sich daraufhin für zehn Stunden ins Arbeitsleben verabschiedet. Mir blieb die Luft weg. Er hatte zwar recht mit dem Auskurieren, aber wie konnte dieser blöde Sack so einfach über meine Zeit verfügen? Dass mich dieses Bestimmen über meine Zeit und die Geringschätzung meiner Arbeit stinksauer gemacht haben, konnte der Mann nicht verstehen. Aber das Leben sollte ihm den Kopf waschen, und zwar nicht mit Pflegespülung. Nachdem er zwei Stunden mit dem kranken Sohn allein war, rief ich ihn an. Auf mein freundliches Hallo schleuderte er mir entgegen: »Er hat eben 1,5 Stunden durchgejammert, also was willst du?« Gar nichts mehr, ich hatte bereits alles, was ich wollte. Eine Stunde später trafen wir uns beim Kinderarzt; er war aufgelöst, gestresst und ziemlich kleinlaut: »O Mann! Jetzt weiß ich, wie du dich fühlst, wenn du den ganzen Tag mit ihm allein bist.« Und er entschuldigte sich für die zwei Tage Zwangsurlaub mit dem Kind.

Ja, in diesen Wochen kann ich sehr viel grinsen. Ich freue mich sehr, dass wir noch ein paar mehr solcher Wochen vor uns haben. Weil er so länger Zeit hat zu merken, dass es nervige Konsequenzen hat, bei der Erziehung einzuknicken, dass man genauso angespannt ist, wenn es gerade super läuft, dass es nervt, abends noch zu kochen, und dass es sich irgendwie immer doof anfühlt, wenn der Satz »Klopapier ist alle« als Aufforderung gemeint ist. Und ich freue mich, weil er dann noch mehr Dinge sagt wie: »Jetzt verstehe ich, warum es abends immer so schlimm aussieht, wenn ich nach Hause komme.« Oder: »Ich bin dir so dankbar, dass du das machst.« Oder: »Die Zeit von vier bis zum Schlafengehen kommt mir dreimal so lang vor.« Oder wenn er »Wo bleibst du denn so lange?« zickt, obwohl ich nur fünf Minuten zu spät bin. Ich freue mich, weil mein Mann endlich verstanden hat: Es ist eine Sache, bei meinen Erzählungen verständnisvoll zu nicken, aber eben eine völlig andere, selbst bis zum Hals drinzustecken.

MEINE TAKTIK WÄHREND DER VÄTERMONATE:
- Ich lasse die beiden wirklich allein. Auch, wenn ich mich dazu zwingen muss, weil ich mein Kind so vermisse und am liebsten bei ihm bin, besonders wenn er krank ist (auch, wenn er dann am meisten nervt).
- Ich vertraue dem Mann und quatsche ihm so wenig wie möglich rein.
- Ich lobe ihn.
- Ich helfe ihm nicht, weil das den Lerneffekt verkleinern würde. Das tut mir manchmal richtig leid, aber wir haben ja nur zwei Monate, um für bleibende Erinnerungen zu sorgen.

Nie da, aber trotzdem der Held.
*Die Eifersucht auf den Vater, der alles besserschnellertoller
kann.*

Seit Tagen ist der Sohn krank. Ich bin mit ihm zu Hause,
weil ich als Freiberuflerin ja meine eigene Chefin bin und
»total einfach« meine Jobs schieben kann, während mein
Mann »dieses Mal aber wirklich« am wichtigsten Projekt
arbeitet. Jetzt sitze ich also mindestens zehn Stunden allein
mit einem Terror-Jammerlappen in der Wohnung. Geschlafen wird im Stundentakt, auch nachts, und tagsüber spielt
er maximal zwölf Sekunden mit einer Sache, es sei denn,
ich gebe ihm mein Handy, was ich sofort täte, wenn es nicht
ausgerechnet jetzt kaputt wäre. Er nölt und will immer genau das nicht, was er gerade unbedingt haben wollte, weil er
so sehr gejammert hat, dass er es bekommen hat. Dass das
keinen Sinn macht, finde ich auch, aber mein Sohn sieht das
anders. Er verfolgt mich überallhin und haut mir kreischend
auf die Beine, während ich auf dem Klo sitze. Ich bin sein
lebendiges Turngerät. Er zieht mich in den Haaren. Versuche ich, eine Zeitung zu lesen, setzt er sich drauf oder reißt
sie mir weg. Hole ich sie mir zurück, gibt es noch mehr Geschrei. Schließlich gebe ich auf, weil ich so schrecklich müde
bin, und finde mich gleichzeitig schwach und inkonsequent,
weil ich ständig einknicke.

Von mir gelangweilt, fragt das Kind nach allen Leuten, die
gerade nicht da sind, die er aber anscheinend lieber um sich
hätte als mich.

»Macko?«

»Marco ist zu Hause.«

»Tin?«

»Kristin arbeitet.«

»Papa?«

»Papa ist auch bei der Arbeit, mein Hasenkind.«

»Papa?«

»Papa arbeitet.«

»Papa!«

»Arbeit!«

»PAPAAAAAA!«

Er will nicht bei der genervten Mama mit den Augenringen sein, die immer ungeduldiger wird, je lauter das Kind nach Papa kreischt. Er will zum Papa, der nie da ist, wenn es kompliziert und anstrengend wird und das Kind seine schlimmste Seite zeigt. Und als Papa endlich von der Arbeit nach Hause kommt, ist des Kindes Laune wie ausgewechselt. Es wird nicht mehr gejammert, sondern gelacht und getobt, und der Papa wird überglücklich geherzt. Ich schlucke meine Gekränktheit runter und entschließe mich, zur Entschädigung für diesen beschissenen Tag an der Herzung teilzunehmen. »Familienumarmung«, rufe ich. »Nein, Mama!«, antwortet das Kind und schubst mich weg.

Der Held ist zu Hause. Die Mutter ist abgemeldet.

Ich weiß, ich sollte mich freuen, dass mein Sohn ein so inniges Verhältnis zu seinem Vater hat, und oft gelingt es mir auch. Aber manchmal könnte ich einfach nur kotzen. Ich bin dafür verantwortlich, dass zu Hause alles läuft und der Alltag funktioniert, und je exklusiver ich das mache, zum Beispiel wenn das Kind krank zu Hause ist, desto schlechter werde ich behandelt. »Sei nicht traurig«, heißt es in solchen Fällen, »bei dir ist er nur so jammerig, weil er ein so großes Vertrauen zu dir hat. Bei den anderen, sogar beim Vater, traut er sich das gar nicht. Das ist doch was Tolles.« Zu dieser Erklärung finde ich ungefähr so viel Zugang wie zu experimentellem Tanztheater. Ganz ehrlich? Das ist mir scheißegal, ich bin nämlich gerade krampfhaft damit beschäftigt, nicht vor Wut und Enttäuschung zu heulen. Ich fühle mich ungerecht behandelt und bin stinksauer auf den Mann, der den ganzen Tag nicht zu Hause ist, dann kurz vorm Schlafengehen noch die gute halbe Stunde mitnimmt und top gelaunt beim Kind natürlich einen völlig anderen Eindruck macht als ich mit meiner schlechten Laune und meinen dünnen Nerven. Aus der Sicht des Kindes kann ich das Ganze ja verstehen, aber manchmal kann ich nicht anders und nehme das Weggestoße persönlich. Dann möchte ich so gern beleidigte Leberwurst sein und dem Kind etwas um die Ohren hauen wie: »Warum bist du immer so gemein? Sei lieber mal dankbar, dass ich das alles mache. Dein Vater würde das nicht einen halben Tag mit dir und deiner Dreckslaune aushalten, das kann ich dir flüstern«, aber das finde ich natürlich unerwachsen und nicht Eltern-like.

Verdammt, warum kann ich nicht der Papa sein? Ich will auch so lange bei der Arbeit bleiben können, bis ich fertig bin, und dann gut gelaunt nach Hause kommen. Ich habe schließlich genauso wenig wie er »HIER« gerufen, als das Schicksal wissen wollte, wer sein halbes Leben dem Kind opfern will, sondern nur, als gefragt wurde, wer weniger verdient.

Aber der Mann ist ja auch nicht schnipsend aufgesprungen, als jemand gesucht wurde, der vom Kind für nichts abgefeiert werden und dafür sorgen will, dass seine Frau sich erbärmlich fühlt. Für ihn ist das bestimmt auch ganz schön blöd. Wenn das Kind kein Interesse an mir hat, versucht er meistens sehr hilflos, mich aufzumuntern, indem er, sobald das Kind etwas in meine Richtung macht, an mir vorbeigehen zum Beispiel, so etwas sagt wie »Guck mal, er hängt so an dir«.

Innen Strippenzieherin, außen Aschenputtel, so fühle ich mich, und ich frage mich, wie die Frauen, die viele Jahre Vollzeitmütter sind, es hinkriegen, ihre Arbeit zu machen, und dabei zugucken können, wie ihre Männer die Lorbeeren einheimsen, ohne ihnen heimlich volle Kinderwindeln über dem Kaffeebecher auszuwringen. Ich bin nämlich erst gelassener geworden, als ich nach einem Jahr Vollzeitmutterdasein meine Arbeit und mein anderes Leben wiederhatte. Und inzwischen gehe ich, abgesehen von den Krankheitsfällen, die mich wieder zur Vollzeitmutter machen, häufiger gelassen damit um, wenn mein Kind mich wegstößt und unbedingt vom Papa gewickelt/angezogen/bespielt werden will. Statt gekränkt zu sein, bilde ich mir ein, dass mein Sohn das mit Absicht macht, weil er mir die Pause gönnt. Dann lese ich Zeitung oder starre in ein Regalfach und genieße es, nicht gebraucht zu werden.

SO ATTACKIERE ICH MEINE EIFERSUCHTSATTACKEN:

• Ich pöble den Mann an. Das ist zwar nicht nett, aber manchmal nicht zu verhindern.

• Ich identifiziere einen Lagerkoller und fordere mir Freiraum ein. Etwas Abstand tut allen gut: Der Mann wird nicht mehr angepöbelt, das Kind muss den Tag nicht mit einem Zombie verbringen, und wir haben uns alle wieder lieb.

• Wenn die erste Wut verkocht ist, versetze ich mich in die Lage meines Mannes. Dann sage ich ihm, dass ich weiß, dass es für ihn auch doof ist und dass er nichts für die Situation kann.

• Ich komme anderen Müttern nicht mit diesem Urvertrauen-Argument, sondern sage ihnen, dass ich das grundlose Abgefeiere des abwesenden Vaters eine himmelschreiende verfickte Scheißungerechtigkeit finde und keine Mutter der Welt das verdient hat.

Denken! Das sicherste Verhütungsmittel der Welt.
Das Dilemma mit dem Sex.

Eigentlich wollte ich nicht über Sex schreiben, schließlich habe ich ja keinen mehr. Hihihi, das stimmt zum Glück so nicht, aber seit der Geburt hat sich schon einiges geändert. Als sich ein paar Wochen nach der Niederkunft das Verlangen wieder einstellte, war nach vollzogenem Akt die Enttäuschung groß. Das fühlte sich überhaupt nicht mehr so an wie vorher. Da wollte ich endlich wieder, und mein Körper machte mir einen ziemlich schmerzhaften Strich durch die Rechnung. Doch als sich das Körperliche langsam wieder normalisierte, zeigte sich, dass ein anderes Problem viel größer war: Ich hatte panische Angst davor, wieder schwanger zu werden, und dachte an nichts anderes als an meinen Eisprung und die Tatsache, dass ich keine Begründung hätte, ein nächstes Kind nicht zu bekommen. Deshalb war ich beim Sex ungefähr so locker wie Angela Merkel beim Staatsempfang. Und auch körperlich fühlte ich mich wie sie, schließlich geht eine Schwangerschaft nicht spurlos an einem vorüber. Außerdem musste ich mich erst mal daran gewöhnen, dass ich mich beim Sex nicht nur anders fühlte, sondern eben auch anders aussah.

Die bedeutendste Sache, die anders ist, ist aber folgende: Wir haben einen Sohn, der mich rund um die Uhr beschäftigt, und zwar körperlich und geistig. Das heißt, wenn er ins Bett geht, habe ich schon eine große Portion Liebe und Zärtlichkeit abgegeben und bin oft dankbar, wenn ich einfach ein bisschen allein rumliegen kann. Kommen der Mann und ich uns doch näher, fällt es mir schwer, den Kopf frei zu kriegen. Während wir also versuchen, die Romantik großzuschreiben, denke ich daran, dass ich nicht vergessen darf, den Kindersitz wieder ins Auto zu bauen; ich frage mich, warum das Kind so komisch gehustet hat, ob es wohl trotzdem geimpft werden kann und wie wir das dann mit dem Urlaub machen, weil er doch nach dem Impfen bestimmt wieder krank wird, und wenn er im Urlaub krank wird und wir nicht die richtigen Medikamente dabeihaben, wird er noch schlimmer krank und muss mit dem Hubschrauber in ein schreckliches Krankenhaus geflogen werden, dann sage ich mir schnell, dass ich nicht so panisch sein soll – und frage mich, ob ich das Dokument im richtigen Format zum Kunden geschickt habe und wie ich das mit dem Job regle, wenn das Kind durch die Impfverspätung krank wird, und ob der Mann mir dann wohl das Kind mal abnehmen kann. Überhaupt der Mann, was macht der da eigentlich? Ach ja. Jetzt aber Schluss mit diesen Gedanken. Was dann passiert, ist meine Sache. Nur so viel: Nach jedem Mal frage ich mich, warum wir das nicht viel öfter tun.

MEINE MITTEL FÜR MEHR ENTSPANNTEN SEX:
- Wir verabreden uns. Hört sich krampfig an, ist aber für mich eine super Methode.
- Alkohol. Schon ein Glas Rotwein verdrängt bei mir zuverlässig die Kinderorganisiergedanken.
- Wir quartieren das Kind und somit einen Großteil der Anspannung regelmäßig aus.

Es ist alles wie immer.
Die Ernüchterung nach den Vätermonaten.

Seit gestern arbeitet der Mann wieder. Zwei Monate hat er mir fast alles abgenommen, insbesondere einen Großteil der Verantwortung. Ich habe es so genossen, dass ich nicht mehr auf den Spielplatz und zum Pampers-Turnen musste, sondern nur Anrufe bekam, die mir davon berichteten und mich fragten, wann ich denn nach Hause käme und was ich essen möchte.

Volle Tage zu arbeiten war so herrlich, ich hatte dieses befriedigende Gefühl, richtig viel geschafft zu haben, ganz vergessen. Mittags ging ich essen, so richtig mit Hinsetzen und warmer Mahlzeit und so. Das mache ich sonst nie, weil das meinem ohnehin schon halbierten Arbeitstag viel zu viel Zeit raubt. Zusätzlich habe ich nachmittags Freunde getroffen, ohne dass die Gespräche ständig davon unterbrochen wurden, dass das Kind die Milch umkippte, mit Blumenerde warf, einer Oma die Zeitung klaute oder sich den Löffel ins Auge steckte. Und wenn ich abends nach Hause kam, dann hatte sich den Tag über so viel Vermissung angestaut, dass ich das Kind herzte und lieb hatte und geduldiger war als ein alter Familienhund, dem zwei Generationen Kinder versucht hatten die Ohren zusammenzuknoten und die dritte es dank der guten Vorarbeit endlich schaffte. Ich war so verliebt und entspannt und glücklich, und ich wünschte mir, die Zeit würde stillstehen, damit unsere Tage für immer so bleiben könnten: Wir stehen alle gemütlich zusammen auf (07.00 ist das neue 10.00), dann geht das Kind zu den Tageseltern, ich mit dem Mann Kaffee trinken, dann mache ich mich auf den Weg ins Büro, arbeite, bis ich fertig bin, und gehe wieder nach Hause zu Mann und Kind, wo wir uns zu dritt umarmen und küssen und tanzen und lachend zusammen Abendbrot essen. Natürlich war es nicht die ganze Zeit so, aber eben wirklich die meiste.

Heute ist also der zweite Tag, an dem der Mann wieder weg ist. Ich gehe deshalb nicht mehr Mittagessen. Gestern hatte ich ein Käsebrötchen, heute ein Käsebrot. Gehetzt haue ich in die Tasten und hinke bereits nach zwei Tagen meinem Arbeitsplan hinterher. Ins Büro komme ich nämlich wieder viel zu spät, weil ich es erst schaffe zu duschen, wenn meine Männer aus dem Haus sind, dann mache ich noch »eben schnell« die Wäsche, räume die Spülmaschine aus und nehme Pakete für das ganze Haus an. Irgendwas ist immer, nur eben nicht pünktlich arbeiten. Kaffee trinken war ich gestern wieder mit meinem Sohn statt mit Freunden, die Milch fiel natürlich um, die Blumenerde wurde an der Glastür verteilt und mein Beruhigungs-Muffin schmeckte nach englischer Seife. Abends schlief ich schon auf der Couch ein, schleppte mich ins Bett, und am nächsten Tag ging alles von vorn los. Aber das richtig Schlimme kommt erst noch: Das Kind wird immer wieder krank, und ich kann meinen Job nicht liegen lassen, denn es handelt sich um dieses Buch, für das ich ja eine Deadline bekommen habe. Der wieder berufstätige Mann kann aber noch unmöglicher fehlen als ich. Jetzt hatten wir zwei Monate andere Welt gespielt, und am Ende bin ich doch wieder die Gearschte. Was soll das denn bitte zur Gleichberechtigung beitragen? Es war, als würde das Leben mir sagen: »Guck mal, wie es sein könnte. Aber das geht doch nicht. Ätsch!« Ich bin frustriert. Ich will darüber schreiben, dass das Kind ständig krank ist und der Mann immer arbeitet, aber das Kind ist ständig krank, und der Mann arbeitet immer. Ich bin wieder drin im Hamsterrad der Mutterschaft, das sich leider auch nicht viel langsamer dreht, wenn alles normal läuft:

Das Kind jammert sich morgens wach, wir frühstücken, ich schaffe nicht zu duschen und hetze mich weiter durch den Tag. Bevor ich nach der Arbeit (wie immer nicht alles geschafft) das Kind vom Tagesvater abhole, muss ich noch schnell einkaufen. Ich trage die Tüten mit literweise Milch, Joghurtgläsern und anderen Dingen aus der Schwere-Sachen-Abteilung die Treppe hoch, und mir ist klar: Nach den Vätermonaten ist vor den Vätermonaten.

MEINE REGELN FÜR DIE ZEIT NACH DER VÄTERZEIT:
- NICHT den Märtyrer spielen.
- Bedürfnisse sofort äußern. Wenn ich zum Beispiel Zeit für mich oder eine Nacht ohne Störungen brauche, formuliere ich das, und zwar nicht als Andeutung, sondern so, dass der Mann es sofort versteht und mir hilft.
- Neue Regel: Der Mann holt das Kind einen Tag die Woche vom Tagesvater ab, und ich arbeite bis abends. Immerhin.
- Um dem Aschenputtel-Alarm vorzubeugen und damit ich nicht das Gefühl bekomme, der Mann lebt sich beruflich aus, während ich die Nanny spiele, unternehme ich so viel ohne Familie, wie ich muss.
- Ich will flexiblere Arbeitsmodelle für Eltern. Dann hätten Väter wie der Mann die Möglichkeit, sich länger als zwei Monate einzubringen, und ich wäre jetzt nicht so kaputt und frustriert.

DIE GLEICHBERECHTIGUNG

Was bin ich, und wenn ja, wie viele muss ich sein?
Die Identitätsprobleme einer jungen, berufstätigen,
eitlen Mutter.

Seitdem ich mein Kind bekommen habe, weiß ich manchmal nicht, wer ich bin. Oder besser: Ich versuche, so viel
zu sein, dass es mich überfordert. Zuallererst bin ich Mutter und damit ein ziemlich wichtiger Teil unserer Familie.
Weil ich am meisten Zeit für sie habe, halte ich sie zusammen. Während der Mann viel arbeitet, kümmere ich mich
um Familienangelegenheiten wie Geburtstage oder Treffen
und natürlich um die Erziehung und Freizeitgestaltung unseres Sohnes. Manchmal machen wir Musik, er spielt auf
seiner roten Ukulele, ich bekomme seine Benjamin-Blüm-
chen-Plastikgitarre, und wir beide singen dazu immer, immer wieder »Melone. Melone«. Manchmal lasse ich ihn
ferngucken, weil ich lieber noch ein bisschen dösen möchte.
Manchmal erkläre ich ihm vierzigmal geduldig, dass er nicht
mit Essen werfen soll. Manchmal brülle ich ihn an. Ich bin
ganz normal, und ich finde, ich bin eine gute Mutter. Nun
ist es aber in Deutschland derzeit ja so, dass Mütter nicht
gut und normal sein dürfen, sondern perfekt und überen-
gagiert sein müssen. Und obwohl ich mit mir und meinem
Erziehungskonzept zufrieden bin, bereiten mir die Ansagen

der »neuen« Mütter, die eben nur noch und komplette und aufopfernde Mütter sein wollen, ziemliche Schuldgefühle. Vielleicht, weil dieses Konzept der Mutterschaft von seinen Vertreterinnen am vehementesten verteidigt wird und sie nichts anderes neben sich dulden.

Wie gut, dass es Mütter gibt, die sich einen Scheiß darum kümmern. Heute Morgen zum Beispiel hat mir eine unbekannte Mutter fröhlich erzählt, dass bei ihnen morgens statt Radio MTV oder VIVA läuft und ihre Tochter dazu prima tanzen kann. Ich musste mich wirklich zusammenreißen, dieser Frau nicht um den Hals zu fallen und ihr für ihre grandiose Unbedarftheit mein Auto zu schenken. Denn ich traue mich nicht, einfach so das Video von meinem Sohn zu zeigen, in dem er prima tanzt, weil auf ihm eindeutig zu erkennen ist, dass wir bei Burger King sind.

Ach, wie glücklich wäre ich, wenn ich es endlich schaffen könnte, meine Verunsicherung angesichts einer Einstellung abzulegen, die ich nicht einmal teile. Ich habe zum Beispiel oft ein schlechtes Gewissen, weil mein Sohn in der Krippe ist, dabei will ich ja überhaupt keine Vollzeitmutter sein, ich will unbedingt arbeiten. Ich brauche diese Momente, in denen ich nicht Mutter bin, sondern jemand, der für einen Job gebucht ist und dafür bezahlt wird. Manchmal sitze ich in irgendwelchen Meetings und freue mich einfach nur darüber, dass ich dort sitzen kann. Es macht mich glücklich, mir Dinge auszudenken und zu schreiben. Dieses Glücksgefühl, wenn ich eine Idee formuliere, ist eines, das ich mit meinem Kind nicht habe. Manchmal ruft mittendrin der Tagesvater an und sagt, ich muss den Sohn abholen, weil er gespuckt hat. Dann muss ich schnell wieder die Mutter sein, die umdisponiert, weil der Mann den besser bezahlten Job hat und fast nur aus geschäftlichen Gründen sein Büro verlassen kann. Wenn unser Sohn krank ist, bin ich in mindestens 95 Prozent aller Fälle für alles verantwortlich, was damit zusammenhängt: Job absagen, umorganisieren, zu Hause bleiben, Kind pflegen, Arztbesuche usw. Als Freiberuflerin habe ich manchmal das Glück, dass ich in diesen Situationen gerade keinen Job habe. Aber eigentlich wird das Kind fast immer krank, wenn ich gerade das erste Mal für einen neuen Auftraggeber arbeite, der sich dann zweimal überlegt, mich noch einmal zu buchen, weil es mit mir immer die Elf-Kilo-Unbekannte mit einer Infektwahrscheinlichkeit von 70 Prozent gratis dazu gibt. Und dabei hatte ich noch gar nicht erwähnt, dass in meiner Branche halbtags arbeiten ungefähr so häufig ist wie Bindehautentzündung unter Regenwürmern. Beruf geht also auch nicht hundertprozentig. Aber ich mache weiter, weil es mir Spaß macht und weil mir wichtig ist, dass ich zumindest ein bisschen unabhängig bleibe und finanziell nicht ganz so dumm aus der Wäsche gucke, wenn mein Mann mich irgendwann für seine zehn Jahre jüngere Kollegin verlässt, womit wir auch schon beim nächsten Punkt wären. Als würden dieser dogmatische Mutterquatsch und die Probleme als berufstätige Mutter nicht reichen, gibt es für mich noch ein anderes Thema: meine (Selbst-)Wahrnehmung als Frau. Vor ein paar Tagen chattete ich mit einem Freund. Er: »Meine neue Freundin ist zwanzig Jahre jünger als du.« Sie ist vierzehn? Konnte ich mir nicht vorstellen. Moment mal, hatte er mich gerade sechs Jahre älter gemacht? »ICH BIN ERST VIERUNDDREISSIG, DU VOLLARSCH«, dachte ich wutschnaubend, aber bevor ich etwas entgegnen konnte, kam mit seiner Wiedergutmachung der nächste Schlag ins Gesicht: »Für eine Mutti hast du dich wirklich gut gehalten.«

Seit ich ein Kind habe, trippel ich nicht mehr allein mit

Stiefelchen und knallengen Jeans durch die Gegend, sondern schleppe meistens ein Kind, einen Kinderwagen und mindestens zwei Tüten Einkäufe mit mir herum, da sind Turnschuhe und eine Jacke mit vielen Taschen eben praktischer. Seit ich Mann und Kind habe, turne ich auch nicht mehr durch Clubs und nehme fremde Männer mit nach Hause, sondern gehe zum Musikgarten und abends früh ins Bett. Auf der Suche nach etwas Selbstbestätigung fällt mir auf, dass Männer mich, seit ich mit Kinderwagen unterwegs bin, ähnlich interessant finden wie die Squaredance-Aufführung einer jung gebliebenen Seniorengruppe. Und meine Nachbarn erkennen mich häufig nicht einmal, wenn ich mein Kind nicht dabeihabe. Das schockiert mich. Sowohl in meiner eigenen als auch in der Wahrnehmung anderer scheine ich als eigenständige Frau nicht mehr zu existieren. Schnell verabrede ich mich mit einer Freundin, schminke mich, ziehe mir hohe Trippelstiefel an und gehe aus. Und ich finde es toll, im Grünen Jäger ein Bier zu trinken, und fühle mich geschmeichelt, wenn ich angesprochen werde. Auch die laute Musik macht mich glücklich. Aber irgendwann fange ich meistens an, mich fehl am Platz zu fühlen, obwohl ich in diesem Laden früher häufiger war als in meinem eigenen Badezimmer. In meinen hohen Stiefeln tun mir die Füße weh, der Rauch brennt mir in den Augen, und die obercoolen Leute finde ich irgendwie albern. Ich müsste so viel trinken, um mich richtig wohlzufühlen, dass ich morgen weder meinem Kind noch meinem Job gerecht werden könnte. Und dies hier ist die Stelle, wo der Hund sich wieder mal in den Schwanz beißt.

DAS MACHE ICH BEI IDENTITÄTSPROBLEMEN:

- Damit ein krankes Kind für mich nicht immer gleich zum beruflichen Supergau wird, arbeite ich an einem Notfallplan. Ich lerne, dass nicht nur ich eine adäquate Lösung fürs kranke Kind bin, und involviere andere Bezugspersonen.

- Ich mache Dinge, die für mich »muttiuntypisch« und meistens auch unpraktisch sind (ausgehen, hohe Absätze, zu dünne Kleidung), um zu sehen, dass sie nicht unmöglich sind. Gern auch mit Kind: Mein Sohn findet Schminken super und zieht gern meine Sachen an.

- Ich rufe befreundete Mütter an und beklage mich. In diesen Anrufen, die ich auch regelmäßig bekomme, geht es nicht in erster Linie darum, eine Lösung zu finden, sondern darum, dass wir uns auskotzen und hören, dass andere das gleiche Problem haben.

Ich kenne meine Rechte.
Aber nur vom Hörensagen.
Die Bredouille, Mutter und Feministin zu sein.

Achtung: Ich hole jetzt sehr weit aus. Aber gerade die, die denken: »Feministin? Bis jetzt fand ich das Buch eigentlich ganz gut«, sind besonders herzlich eingeladen weiterzulesen. Denn ich möchte anmerken, dass Feministinnen eben nicht nur die sind, die dankenswerterweise eine Menge für uns getan haben, heute aber doch oft sehr staubig und lila und intolerant rüberkommen. Für mich ist jede Frau, die selbstbestimmt ihr Leben gestaltet, eine Feministin, beziehungsweise sollte sie spätestens dann eine werden, wenn sie dabei an Grenzen stößt. Was, wenn wir mal ehrlich sind, so gut wie immer passiert. Mir zumindest.

Während des Studiums zum Beispiel wurde ich wegen meines Nebenjobs in einer Bar regelmäßig von fetten, hässlichen Vollidioten beziehungsweise Kommilitonen aufgefordert, für sie an der Stange zu tanzen (haha, voll lustig), in meiner ersten Festanstellung war sofort klar, dass ich weniger verdiene als meine männlichen Kollegen, und als ich später in der Werbung anfing, wurde es auch nicht besser. Je höher es dort die Karriereleiter nach oben ging, desto niedriger war die Frauendichte. Frauen in Führungspositionen? Ja klar (ironisch)! Ich erinnere mich an ein Führungskräfte-Seminar, das ich bei meiner alten Agentur besucht habe. Ich war die einzige Frau und wurde von den männlichen Dickhosenkollegen so lange geschnitten, bis sie gemerkt haben, dass ich nicht nur blond bin und Titten habe, sondern auch Dinge sagen kann, von denen sie später behaupten können, sie hätten sich das ausgedacht.

Eigentlich sind in der Werbung festangestellte Mütter nur in zwei Variationen zu finden: Von den Chefs aufs Halbtagsabstellgleis degradiert und von den KollegInnen gehasst, weil sie immer weg sind. Oder sie sind immer da, weil sie Vollzeit arbeiten und ihr Kind nie sehen. Flexible Modelle gibt es kaum, bisher heißt es für Mütter meistens: entweder ganz oder halbgar mit anspruchsloser Arbeit.

Auch auf privater Ebene wurde mir schon in der Schwangerschaft klar, dass ich gar nicht anders konnte, als Feministin zu sein. Plötzlich war ich keine eigenständige Frau mehr, sondern ich und mein Bauch wurden nach Herzenslust betascht und klugbeschissen. Als das Kind da war, hat sich mein Dasein als Frau sogar noch weiter aufgelöst. Plötzlich steckte ich bis zum Hals im Klischee: Obwohl ich mir eigentlich mit meinem Partner alles gerecht teilen wollte, das Geldverdienen, den Haushalt und die Kinderbetreuung, war ich plötzlich Hausfrau und Mutter. Und zwar nicht, weil ich es mir freiwillig so ausgesucht hatte, sondern weil der Mann mehr Geld verdiente als ich und sein damaliger Arbeitgeber kein flexibleres Arbeitsmodell zugelassen hätte. Sie haben sich ja schon in die Hosen gemacht, als der Mann bei seinen Geschäftsführungskollegen das Thema Vätermonate überhaupt zur Sprache brachte. Er wollte zwei Monate in Elternzeit gehen, damit ich Vollzeit arbeiten konnte. Das war ja auch unser gutes Recht. Wir fanden es beide wichtig, dass der Mann, zumindest für einen kurzen Zeitraum, mehr Alltag mit dem Sohn hat und ich einen normalen Arbeitstag, damit wir beide erleben und nachvollziehen können, wie sich das Elternsein für den anderen anfühlt.

Keiner seiner Kollegen, allesamt Väter, hat Elternzeit genommen. Und schon in den Vorgesprächen wurde dem Mann durch die Blume mitgeteilt, es wäre besser, wenn auch er darauf verzichte. Die Meinung eines Kollegen spiegelt gut wider, was für ein reaktionärer Wind in dieser Chefetage (und in vielen anderen) weht: Er schrieb dem Mann in einer E-Mail, die Elternzeit passe seiner Meinung nach nicht zur Rolle eines Geschäftsführers, denn dann bekämen die Kollegen ein schlechtes Bild von dessen Einsatz für die Firma. Als einer seiner Kollegen mit Führungsposition von selbst darauf gekommen sei, dass Elternzeit keine gute Idee sei, habe er sich gefreut. Und wenn jemand mit dem Wunsch nach Elternzeit auf ihn zukäme, sei dieser vermutlich nicht für eine Führungsposition geeignet, so der Kollege.

Kein Wunder also, dass in der folgenden Diskussion aus den normalen zwei Monaten Elternzeit bei 67 Prozent Gehalt vier Wochen unbezahlter Urlaub werden sollte. Und damit weiterhin das Bild vom Geschäftsführer, der alles für seine Agentur gibt, gewahrt werden könnte, sollte mein Mann diese vier Wochen nicht Elternzeit nennen, sondern kommunizieren, er unterstütze mich beim Wiedereinstieg in den Beruf.

Ich heulte vor Wut. Nur weil ein paar dieser Idioten kleine Pimmel haben, sollte ich so tun, als sei ich auf die Hilfe meines Mannes angewiesen? Das fand ich dann aber doch etwas niveaulos von mir und heulte weiter, ohne zu schimpfen. Die Elternzeit fand übrigens nie statt, weil dem Mann selbst in diesen vier Wochen noch »lebenswichtige« Termine reingedrückt wurden, sodass ich das Projekt irgendwann enttäuscht absagte. Ich hatte keine Lust mehr auf dieses ewige Hin und Her, auch wenn ich damit den reaktionären Chefetagensitzern indirekt recht gab. Zusätzlich musste ich mir eingestehen, dass der Mann sich nicht so richtig traut, seine Ziele durchzusetzen, weil in seiner Branche und in seiner Position kein Vater je so etwas gefordert hat. Wie gern hätte ich ihn als Vorreiter gesehen, aber wenn ich ehrlich zu mir bin, habe ich den Eindruck, er will die Gleichberechtigung nicht so sehr wie ich – und seine Arbeitsumstände wollen sie schon gar nicht.

Zum Glück wechselte der Mann den Job und machte dazwischen zweieinhalb Monate Pause, die wir als »Vätermonate« nutzten. Das war mit Abstand die schönste und beste Zeit, die wir als kleine Familie bisher hatten. Der Mann verbrachte viel Zeit mit unserem Sohn, und ich konnte volle Tage arbeiten. Ich konnte die andere Seite sehen und für mich feststellen, dass ein Vollzeitjob auf lange Sicht für mich nicht in Frage kommt, weil ich gern mehr Zeit mit meinem Kind verbringe.

In seinem neuen Job versucht der Mann, von Anfang an ein flexibleres Arbeitsmodell durchzusetzen, und ich hoffe für ihn, für mich und für alle Menschen, die in dieser Agentur arbeiten und Eltern sind oder werden, dass das klappt. Ich bin auf jeden Fall sehr stolz auf ihn, dass er jetzt zumindest einen Tag in der Woche früher aus der Agentur geht, um unser Kind von den Tageseltern abzuholen. So kann ich heute den ganzen Tag arbeiten und dabei denken, was für einen tollen Mann ich doch habe, und nicht immer nur blöde Sachen wie diese hier (Beispiele):

»Der alte Arbeitgeber vom Mann wird vermutlich nie zulassen, dass ein Mann in Führungsposition Elternzeit nimmt oder in Elternteilzeit geht. Und es würde mich nicht wundern, wenn sie bei Frauen in Führungspositionen die Kosten für eine Sterilisation übernähmen.«

»Ich kenne Mütter, die nicht wieder zurück in den Job können, weil sie keine Betreuung für ihr Kind finden und deshalb gezwungen sind, zu Hause zu bleiben (der Mann verdient ja mehr ...).«

»Sage ich im Vorstellungsgespräch, dass ich Mutter bin, werde ich gefragt, wie die Betreuungssituation geregelt ist. Sagt der Mann, dass er ein Kind hat, macht ihn das ›menschlich‹.«

»Sobald das Kind krank ist, wird klar, dass bei uns überhaupt nichts gleichberechtigt ist. Ich lasse sofort meinen Job liegen und bleibe zu Hause. Ich kann das. Beim Mann ist immer irgendetwas ganz besonders wichtig.«

»Ich arbeite als Freelancerin schon so flexibel, wie es geht, mir gehen aber trotzdem Jobs durch die Lappen, weil ich ein Kind habe und von 15 Uhr bis 20 Uhr nicht verfügbar bin.«

»Über Mütter, die ganztags ihre Kinder betreuen, wird immer noch gedacht, sie trinken den ganzen Tag Kaffee. Aber sobald das mal ein Mann übernimmt, ist es ein 24-Stunden-Job, der Multitasking und Soft Skills und noch viele weitere englische Wichtig-Bezeichnungen erfordert.«

Diese privaten Gedanken sind ja automatisch auch politisch und nur ein paar der Gründe, warum ich Feministin bin. Allerdings bezeichne ich mich selbst als emotionale, intuitive Feministin und überlasse den wissenschaftlichen Diskurs lieber denen, die das viel besser können als ich (eine tolle Literaturliste findet sich am Ende dieses Kapitels). Ich fordere schlicht und einfach: ArbeitgeberInnen sollten verschiedene, flexible Arbeitsmodelle anbieten, sodass sie von den Fähigkeiten der Mütter profitieren können und Vätern die Möglichkeit bieten, sich die Zusatzqualifikation « Kindererziehung« zu sichern, und zwar nicht nur zwei Monate lang im »Wickelpraktikum«, sondern langfristig und kontinuierlich. Es sollte für jedes Kind, egal wie jung, eine erschwingliche Betreuung geben, damit jede Mutter und jede Familie so leben kann, wie sie will, mit Kinderbetreuung, ohne, in klassischer Rollenverteilung, totaler Gleichberechtigung, alleinerziehend, als Patchwork-Familie, was auch immer. Alle sollen alle in Ruhe lassen: Mütter sollten selbstbewusst bei ihren Kindern zu Hause bleiben können, ohne als Trutschen belächelt zu werden, Mütter sollten Karriere und Kinder haben können, aber bitte so, dass es mit der Betreuung und den Arbeitszeiten auch hinhaut und kein Spagat, sondern eher ein fröhlicher Luftsprung ist, und Frauen sollten sich gegen Kinder entscheiden können, ohne dass gleich Beleidigungen wie »Zug abgefahren« oder »alte Jungfer« fallen. Außerdem sollten die Väter endlich mal alle mitziehen und so modern sein (können), wie sie immer dargestellt werden.

Jede und jeder soll das machen können, was sie oder er will, solange die Konvention der Menschenrechte eingehalten wird. Das ist meine Version von Feminismus. Alle, die mitmachen wollen, sind herzlich eingeladen.

ICH TRÄUME VON EINER GLEICHBERECHTIGTEN ZUKUNFT:

- **Keine Frau muss mehr (Über-)Mutter sein.** Jede Frau kann die Frau sein, die sie sein will. Eine Frau, die sich für eine Vollzeitbeschäftigung entscheidet, wird genausowenig schief angeguckt wie eine Frau, die keine Kinder will, oder eine Mutter, die rund um die Uhr für ihre Familie da sein möchte. Kinder haben (oder auch nicht) ist wieder eine normale Sache, und ich bin endlich frei von albernen Schuldgefühlen.
- **Meine Arbeit ist genauso wichtig wie die vom Mann.** Ich bin nicht länger die selbstverständliche Nanny. Der Mann setzt mich nicht mehr nur von seinen Terminen in Kenntnis, während ich ihn bei meinen immer erst fragen muss, wann er das Kind nehmen kann, sondern wir besprechen gleichberechtigt unsere Arbeits- und Zeitpläne und stimmen unsere Jobs aufeinander ab.
- **Der Mann ist genauso fürs kranke Kind verantwortlich wie ich.** Ich bin nicht länger komplett lahmgelegt und muss Jobs absagen und verschieben, während der Mann ganz normal weiterarbeiten kann. Wenn das Kind krank ist und nicht in die Kita kann, teilen der Mann und ich nämlich seine Betreuung gerecht auf.
- **Ich bin genauso verantwortlich für das Haushaltseinkommen wie der Mann.** Ich verfolge meine berufliche Karriere weiter, weil mir meine Unabhängigkeit wichtig ist. Außerdem ist es für mich selbstverständlich, dass der

Mann und ich uns die finanzielle Verantwortung genauso gerecht teilen wie die erzieherische. So wie der Mann mich vom Druck befreit, für die Erziehung allein zuständig zu sein, entlaste ich ihn vom Druck, alleiniger Brotverdiener zu sein.

- **Der Mann arbeitet nach einem flexibleren Modell.** Selbst in seiner Branche ist nicht länger derjenige der Beste, der als Letzter das Licht ausmacht, sondern der, der vereinbarte Ziele erreicht, und zwar ganz egal, wie. Der Mann beweist, dass dieses Arbeitsmodell viel erfolgreicher ist als die veraltete Präsenzkultur, und bringt sich gleichzeitig auf glückliche Weise mehr in die Familie ein. Alle Männer und Frauen arbeiten nach diesem Modell und leben ein gleichberechtigtes Leben.

MEINE LITERATURLISTE ZUM THEMA FEMINISMUS & MUTTERSCHAFT:

- Maria Sveland: Bitterfotze. Köln 2009, Kiepenheuer & Witsch Verlag
- Barbara Vinken: Die deutsche Mutter: Der lange Schatten eines Mythos. Frankfurt am Main 2007, S. Fischer Verlag
- Elisabeth Badinter: Der Konflikt: Die Frau und die Mutter. München 2009, C. H. Beck Verlag
- Karen Pfundt: Die Kunst, in Deutschland Kinder zu haben. Berlin 2004, Argon Verlag
- Lisa Ortgies: Heimspiel: Gegen Muttiwahn und Papamythos – Für eine neue Familie. München 2011, Goldmann Verlag
- Marlene Streeruwitz: Das wird mir alles nicht passieren ... Wie bleibe ich FeministIn. Frankfurt am Main 2010, S. Fischer Verlag

- Barbara Sichtermann: Leben mit einem Neugeborenen. – Ein Buch über das erste halbe Jahr. Frankfurt am Main 2010, S. Fischer Verlag
- dies.: Vorsicht Kind! Eine Arbeitsplatzbeschreibung für Mütter, Väter und andere. Berlin 1998, Wagenbach Verlag

DAS ENDE. Die ersten zwei Jahre sind vorbei.

Eigentlich war es gar nicht so schlimm.
Die Amnesie, wenn die Kinder größer geworden sind.

Es geht los. Der Prozess des Vergessens setzt ein. Ich bin fasziniert und schockiert zugleich, weil ich mir so sicher war, dass sich alles, was ich bis jetzt mit meinem Sohn erlebt habe, in mein Hirn brennen würde. Aber je mehr Zeit verstreicht, desto mehr verblassen die schlechten Erfahrungen, und wenn ich mich überhaupt an etwas erinnern kann, dann nur an die schönen Dinge.

Dabei habe ich fast die gesamte Schwangerschaft nur geschimpft. Mein Bauch wurde andauernd angegrapscht, ich hatte solche Rückenschmerzen, dass ich nachts aufstehen und Gymnastik machen musste, wonach ich zwar weniger Rückenschmerzen hatte, aber so übel Sodbrennen, dass ich trotzdem nicht wieder einschlafen konnte. Knapp zwei Jahre später kann ich mich nicht einmal mehr richtig erinnern, wie sich das angefühlt hat. Ich schwor mir, nie wieder schwanger zu werden, aber das einzige Gefühl, das ich jetzt noch rekapitulieren kann, ist, wie schön und abgefahren es war, wenn sich mein Sohn in meinem Bauch bewegt hat.

Genauso läuft es mit den Erinnerungen an die Geburt. Ich weiß noch genau, dass ich unter den Wehen das ganze Krankenhaus zusammengebrüllt habe, dass ich in der Cafeteria eine fiese Wehe hatte und ein Taubstummer Angst bekam, dass ich sterben würde, aber ich weiß nicht mehr, wie schlimm sich die Schmerzen wirklich angefühlt haben. Dafür fallen mir die lustigen Situationen ein. Als ich zum Beispiel im Familienzimmer die ersten Wehen veratmete, standen plötzlich zwei Menschen im Raum und stellten sich vor: »Guten Tag, wir sind von Philips und möchten Ihnen gern das Entertainment-System erklären.« Ich krallte mich, nach vornübergebeugt, an einem Stuhl fest und stöhnte etwas irritiert zwischen zwei Atmern: »Dafür habe ich jetzt keinen Kopf«, doch in einer Art Übersprungshandlung bat der Mann sie ins Zimmer und ließ sich höflich nickend die Radio-, Fernseh- und Internet-Funktionen des neuen Hightech-Bildschirms am Krankenbett erklären. Oder als ich nach ein paar Stunden Wehen von meiner Hebamme untersucht wurde und sie fröhlich und beeindruckt verkündete: »Wie toll! Der Muttermund ist schon drei Zentimeter auf«, woraufhin ich verzweifelt rief: »ERST? O Gott! Das ist ja noch nicht mal die Hälfte. Ich brauche was gegen die Schmerzen.« Sie gab mir eine Spritze und erklärte mir, es würde sich danach so anfühlen, als hätte ich einen Sekt getrunken. Also ich weiß ja nicht, was für Sekt meine Hebamme trinkt, aber für mich war die Wirkung eher mit dem Rauchen von fünf Bongs zu vergleichen. Ich weiß noch genau, wie lustig sich das anfühlte, aber die Schmerzen, deretwegen derer ich die Spritze wollte? Ich habe nicht mehr die leiseste Ahnung.

Auch die Erinnerung an den Kaiserschnitt verblasst immer mehr. Dieses grüne Tuch als Begrenzung, dann wurde an mir geruckelt, dann spritzte das Tuch mit Blut voll, man drückte mir das verschmierte Kind ins Gesicht, brachte es weg und vernähte mich, wobei die PDA aufhörte zu wirken.

Nie im Leben würde ich vergessen, wie sich das anfühlt, da war ich mir sicher. Aber auch wenn ich mir jetzt die Bilder ins Gedächtnis rufen kann, ich kann das Gefühl nicht zurückholen. Ausgelöscht. Vergessen.

Das Schreckliche ist weg. Ich finde das schrecklich. Schließlich sollte mir die Erinnerung als Warnmechanismus dienen, nicht noch einmal schwanger zu werden. Genau wie das Gefühl, das ich in den ersten Monaten hatte, die Schwierigkeiten, die mir das Mutterdasein machte. Ich dachte, diese Einsamkeit, die ich empfunden habe, obwohl ich Tag und Nacht mit meinem Kind verbracht habe, wäre so tief verwurzelt in meinen Erinnerungen, dass ich selbst nach den Wechseljahren noch Angst vor einer ungewollten Schwangerschaft haben würde. Und wieder weiß ich zwar noch genau, wie ich meine Runden mit brüllendem Kind im Kinderwagen im Park gedreht habe, aber die Einsamkeit und die Verzweiflung, die auf fast jeder Runde dabei waren, sind weg. Das ist doch verrückt: Mein Sohn hat so viel gebrüllt, dass ich regelmäßig kurz vor einem Nervenzusammenbruch war, weil ich nie wusste, was er hat. Und nach nicht mal zwei Jahren muss ich mir Videos angucken, um mich überhaupt an den Klang seines Weinens zu erinnern. Aber ich will mich erinnern, verdammt!!! Immer wenn eine Mutter zu mir so etwas gesagt hat wie: »Ja, aber das war alles vergessen, als ich mein Kind im Arm hatte«, habe ich mir hinter ihrem Rücken den Finger in den Hals gesteckt und ihr einen sehr großen Vogel gezeigt. Ich hielt das für totalen Quatsch. Und jetzt sitze ich doch mit im Zug der überglücklichen, verliebten Mütter, die sich nur noch an die tollen Dinge wie kleine Beine in Strumpfhosen und erste Küsse mit viel Spucke erinnern.

Dabei blieben mir mein bisheriges Leben lang immer die

schlechten Erfahrungen besser in Erinnerung als die guten, schönen. Ich weiß zum Beispiel kaum noch etwas über meine vorherigen Beziehungen, aber die Trennungen kann ich bis ins kleinste Detail rekapitulieren. Wenn ich an Wohnungen denke, in denen ich mal gewohnt habe, fallen mir zuerst nur blöde Dinge ein, die dort passiert sind. Immer habe ich eher die schlechten Erfahrungen mit den dazugehörigen Gefühlen konserviert. Und jetzt so was! Nicht nur, dass ich mir aufgrund dieser Amnesie ein zweites Kind wünschen könnte. Ich bin eine Bedrohung für junge Mütter. Irgendwann, wenn sie mit Augenringen verzweifelt vor mir stehen, könnte ich diejenige sein, die so etwas sagt wie »Also meiner hat immer durchgeschlafen«, »Nee, er hat wirklich gar nicht gebrüllt« oder »Stillen hat von Anfang an super geklappt«, und sie damit extrem verunsichern. Das will ich nicht! Falls es doch passiert, darf jede, die diesen Satz von mir hört, ganz doll Brennnessel bei mir machen oder mir einen alten Fisch hinter die Heizung legen (heimlich).

GEGEN DAS VERGESSEN HILFT:
- Aufschreiben! Zum Beispiel in einem Buch, einem Tagebuch oder in Briefen.
- Filmen! Auf den Videos kann ich alles sehen und noch am ehesten rekapitulieren, wie laut und anstrengend mein Sohn gebrüllt hat und wie schlimm unsicher ich war.
- Reden! Nach den ersten Monaten habe ich so vehement den Standpunkt vertreten, dass ich auf keinen Fall ein zweites Kind will, weil ich das alles so schrecklich fand, dass ich jetzt regelmäßig darauf angesprochen beziehungsweise festgenagelt werde. Das sind gute Denkzettel!

Jetzt ist er schon so groß.
Das Bedauern über die Zeit, die so schnell verging.

Der erste Geburtstag unseres Sohnes ist ausgefallen. Er hatte kurz zuvor eine Lungenentzündung und war noch nicht wieder richtig gesund. Ich verbrachte jeden Tag allein mit ihm zu Hause und war mit meinen Nerven am Ende. Er hat sich nicht allein beschäftigt, war aber von meinem Animationsprogramm nur halb begeistert und hing entweder jammernd an meinem Bein oder lag schlafend auf meinem Bauch. Am Tag, an dem ich eigentlich romantisch zurückblicken wollte auf seine Geburt und seine ersten Lebensmonate, war ich also nicht gefühlsduselig, sondern nur schwer beeindruckt davon, dass ich bis jetzt noch keinen Nervenzusammenbruch hatte und der Mann noch immer mit mir verheiratet war. Statt emotionalem Jahresrückblick war sein erster Geburtstag eher so etwas wie ein Leitpfosten auf der Autobahn: Wir feierten sein Alter nicht, wir stellten es fest. Abends gingen der Mann und ich essen (unter der Bedingung, nicht so viel übers Kind zu reden) und beschlossen, dass es nun an der Zeit war, ihn in eine Betreuungssituation zu geben. Ich war traurig, denn ich hatte mir diesen Tag so schön ausgemalt: Der Mann und ich lassen vor Glück und Martini betrunken das Jahr Revue passieren, so wie die meisten meiner Freundinnen das gemacht haben. Aber statt eines beseelten »Jetzt ist er schon so groß« dachte ich nur: »Jetzt muss er wirklich weg.« Traurig, aber wahr.

Die Emokeule gab es aber trotzdem, nur eben etwas später in der Kinderabteilung von H&M. Als ich feststellte, dass meinem Sohn schon einige Größen zu klein sind, und ich diese winzigen Bodys da hängen sah, verspürte ich einen

Stich im Herzen. »O mein Gott, er ist schon so groß«, dachte ich, fast verzweifelt, während mir die Tränen in die Augen schossen. Ich stand sehr lange wie gelähmt rum und begann zu Hause traurig, die Klamotten auszusortieren, die ihm zu klein geworden waren. Bei jedem Teil erinnerte ich mich wehmütig, wie er darin ausgesehen hat. Der kleine Frotteestrampler mit den Eulen drauf, in dem er in seinem Stubenwagen lag und Gesichtsdisco gemacht hat, sein kleiner, kleiner Schneeanzug, in dem wir ihn aus dem Krankenhaus mit nach Hause genommen haben. Mein kleines Hasenkind, eben war er doch noch ein hilfloses winziges Häufchen, jetzt kann er schon laufen und essen, morgen schreibt er »Für Eltern verboten« mit Edding an seine Zimmertür, dann trägt er seine Turnschuhe, bis sie auseinanderfallen, und seinen Ranzen nur auf einer Seite, und ich mache mir Sorgen um seine Füße und seinen Rücken, und dann will er Interrail machen, und schon wohnt er in einer WG mit lauter Leuten, von denen ich nicht die Nachnamen kenne.

Weil ich meinen Sohn immer mehr liebe, je älter er wird, bin ich seit diesem Tag die Wehmut nie mehr richtig losgeworden. »Er ist schon so groß«, denke ich, wenn er mir seinen Teller hinhält und »Mehr Joghurt, bitte« (okay: »Mea Joku bita«) sagt, wenn er Türme mit Bauklötzen baut, wenn er seine kleinen Adiletten anschleppt und sie unbedingt anziehen will oder wenn er ganz allein in seinem Zimmer tanzt, eigentlich denke ich es immer, wenn er nicht gerade schläft. Na ja, eigentlich sogar dann, schließlich lag ja irgendwann in diesem Bett mal ein kleines Häufchen, das wir fast auf der Matratze suchen mussten.

In diesen »Er ist schon so groß«-Momenten werde ich aus zwei Gründen traurig. Erstens, weil er schon so groß ist, und zweitens, weil ich in der ersten Zeit mit ihm so viel mit mir selbst gekämpft habe. Ich kam mit dem Status Mutter und den dazugehörigen Hindernissen und Klischees nicht zurecht, war oft unglücklich und unsicher und überfordert, und wenn mir jemand gesagt hat, ich solle mich entspannen, weil irgendwann alles einfacher wird, habe ich nur hämisch gelacht. Das hätte ich nicht mal mir selbst geglaubt, wenn ich mir als Geist erschienen wäre. Aber es stimmt. Und mit diesem Abstand und meiner jetzigen Erfahrung denke ich traurig, ich hätte die erste Zeit mit meinem Sohn noch mehr genießen können.

Dann gucke ich mir die Fotos aus dem ersten Jahr an und stelle erleichtert fest: Man kann auch die Vergangenheit schwarzmalen, denn er sieht auf den Bildern und in den Videos aus, wie ein fröhliches, geliebtes Kind eben aussieht, zumindest ab dem Zeitpunkt, an dem er seine Gesichtszüge im Griff hatte. Also hatten wir schon immer Spaß. Puh! Jetzt, wo ich wirklich alles einfacher finde, weil ich herausgefunden habe, wie ich mit Kind am glücklichsten bin, nämlich mit Arbeit und mit einem Mann, der nicht ganz so viel arbeitet (man kann ja nicht alles haben), genieße ich die Zeit mit ihm doppelt und dreifach. Und seinen zweiten Geburtstag werde ich mir durch nichts in der Welt vermiesen lassen. Da wird angestoßen und gefühlsgeduselt, bis das Schmalz sich selbst eklig findet!

MEINE MASSNAHMEN GEGEN DAS BEDAUERN:
- Ich hebe alles auf. Mein nostalgisches Horten geht über die Haare vom ersten Schnitt, kleine Fingernägel über jedes selbst gemalte Kriggelakrak bis hin zur eingefrorenen Muttermilch, von der ich mich auch ein Jahr nach dem Abstillen noch nicht trennen kann.
- Ich fordere Partys zum ersten Geburtstag jedes Kindes –

für die Mütter. Wer fürs Kind aus dem Berufsleben ausgestiegen und ein Jahr sein Leben auf links gezogen hat, der hat verdient, gehörig dafür gefeiert zu werden! (gilt natürlich auch für Väter). Bitte unbedingt nachmachen!!!!

Ich sage artig und glücklich Danke bei ...

Joachim Jessen für seine herzlich knappen Worte (»Frau Drust, wir machen das jetzt!«). Johannes Jacob für sein Vertrauen in meine ersten Seiten. Heidrun Gebhardt und Irmi Gössl für die Beantwortung aller noch so blöden Fragen und für lustige Telefonate. Meiner Lektorin Eva Rosenkranz für ihre Anmerkungen (besonders die mit Jesus), für ihre spannenden Mails und den Gedankenaustausch weit übers Buch hinaus. Meiner Bürogemeinschaft und allen Freunden für die aufrichtige Freude.

Verena und Jon, Sua und Pio, Julia und Karl, Sina und Lukas, Verena und Valentin, Julia und Marta, Daniela und Mia und Sophie, Dani und Milla, Karin und Jonna, Maren und Milla und Nika, Amrei und Bazon und Nele und Lovis für die lustige und unterstützende Begleitung durch zwei Jahre Extremerfahrung, und das ganz ohne Klugscheißen. David und Kristin für dick und dünn.

Martin für seine Hartnäckigkeit, unsere große Teamliebe und dafür, dass das Leben mit ihm solchen Spaß macht. Oskar für alle Gefühle der letzten zwei Jahre, fürs Größerwerden und fürs Oskar-Sein.

Register